素质教育视角下
学校篮球价值探析与实践研究

张 轩 著

吉林大学出版社

·长 春·

图书在版编目(CIP)数据

素质教育视角下学校篮球价值探析与实践研究/张轩著.—长春:吉林大学出版社,2019.8

ISBN 978-7-5692-5326-9

Ⅰ.①素… Ⅱ.①张… Ⅲ.①篮球运动－体育教学－教学研究 Ⅳ.①G841.2

中国版本图书馆 CIP 数据核字(2019)第 172492 号

书　　名　素质教育视角下学校篮球价值探析与实践研究
　　　　　　SUZHI JIAOYU SHIJIAO XIA XUEXIAO LANQIU JIAZHI TANXI YU SHIJIAN YANJIU

作　　者　张　轩　著
策划编辑　孟亚黎
责任编辑　刘守秀
责任校对　赵雪君
装帧设计　马静静
出版发行　吉林大学出版社
社　　址　长春市人民大街 4059 号
邮政编码　130021
发行电话　0431－89580028/29/21
网　　址　http://www.jlup.com.cn
电子邮箱　jdcbs@jlu.edu.cn
印　　刷　北京亚吉飞数码科技有限公司
开　　本　787mm×1092mm　1/16
印　　张　16.25
字　　数　211 千字
版　　次　2020 年 3 月　第 1 版
印　　次　2020 年 3 月　第 1 次
书　　号　ISBN 978-7-5692-5326-9
定　　价　76.00 元

前　　言

　　篮球运动在现代有着非常高的关注率、知晓率和参与率,由此可以看出这项运动在全世界都有广泛的群众基础。作为一项重要的球类运动,各个国家都对其发展抱以积极的态度,我国也不例外。篮球在我国的发展体现在各个领域之中,学校篮球就是其中一个重要方面。之所以将篮球与学校紧密结合,还在于篮球运动自身的特点与价值与我国的教育理念有着诸多相符的地方,以此作为一种育人的方法效果良好。

　　篮球运动在我国学校体育教育中作为主要教学内容已经有很长时间了。直到今天,丰富多彩的学校篮球活动频繁举办,深受学生青睐。学术界也出现了更多关注学校篮球运动发展的研究课题,其中更是有很多与素质教育的倡议紧密联系了起来。这显然对我国学校篮球的发展,甚至对中国篮球的发展都是一件可喜的事情。

　　目前,借助素质教育理念和体育教学改革的契机,学校篮球的发展势头仍旧良好。这不仅得益于篮球运动本身的魅力,还依赖于学生越来越强的健身意识和参与篮球运动的热情。但需要认清的是,与欧美一些学校篮球运动发展水平较高的国家相比,在我国学校篮球运动开展的过程中还是存在形式单一、方式死板、训练质量较低等问题。为此,特撰写《素质教育视角下学校篮球价值探析与实践研究》一书,以期为我国学校篮球运动的发展贡献一份力量。

　　总地来看,本书具有逻辑清晰、内容完整、与时俱进等特点。本书首先对素质教育理念下的体育教学及其对学校篮球开展的影响展开了探讨,然后对篮球运动的起源、发展历程、发展趋势、特点与功能等基本情况进行了阐述，以让读者对素质教育、体育教学以及篮球运动有一个深入的了解。此后便阐述了目前我国学校篮球运动开展的情况，也探析了这项运动对促进学生身心以及社会适应力发展的价值。另外还对学校篮球运动后备人才的培养问题进行了研究，这对促进我国篮球运动的可持续发展有着重要意义。在实践部分，本书详细分析了适合学校层级的技战术学练指导方法以及篮球游戏的组织方法。

撰写书籍是一项细致、严谨且艰巨的工作，在这个过程中总感觉一个人的能力是有限的。因此，在本书的撰写过程中还参考了同领域专家学者的观点和数据，在此对他们的辛勤劳动表示感谢。另外，由于笔者水平有限，书中难免存在一些错误或不足，恳请读者予以批评和指正，以利于我们共同探讨问题，不胜感激。

作　者
2019 年 5 月

目　　录

第一章 素质教育与体育教学

素质教育是现今备受推崇的教育理念,这一理念符合现代社会的发展潮流以及学生的身心发展规律。素质教育包含很多内容,其中以身体锻炼为手段的体育教育就是非常重要的一项内容。为此,本章就重点对素质教育和体育教学的相关理论进行阐述,以期使人们对此有一个初步的认识。

第一节 素质教育的概述

一、素质教育的概念

首先,素质教育的宗旨是提高国民素质,它是依据《教育法》规定的国家教育方针,着眼于受教育者及社会长远发展的要求,以面向全体学生、全面提高学生的基本素质为根本宗旨,以注重培养受教育者的态度、能力,促进他们在德、智、体等方面生动、活泼、主动地发展为基本特征的教育。[①] 从定义中可知素质教育面向的是全体学生而非某个特殊的群体,然后它着重培养的是学生的全面素质而非某项单一素养。在明晰了定义的基础上,更便于开展相关的教育活动,发掘新的教育内容和模式。

二、素质教育的含义

通过素质教育的概念,可以进一步分析其含义。这个含义重

---

① 张丽荣. 体育教学的价值回归探索[M]. 北京:中国纺织出版社,2017.

点可以从以下三个方面来理解。

（一）素质教育以提高整个民族素质为根本宗旨

素质教育理念的出现还要得益于我国改革开放后逐渐在教育领域中接收的新信息，这一理念从国外而来，与我国传统的应试教育理念有所碰撞。一开始，教育界人士普遍认为这种教育理念更适用于致力于发展基础教育的中小学阶段。然而这种认识存在着些许误区，它没有认识到素质教育是要将群体（指国民群体）素质转化为个体（指公民个体）素质，并通过个体素质的完善来促进整个群体素质的提高。当人们逐渐意识到这个问题后，便重新认识素质教育，认为它的实施应落实到各级各类教育中，包括成人教育在内。这样才能不断提高学生的基本素质，开发学生的潜能，使学生能确定适合自身特点的发展方式，最终成为现代社会发展所需要的那类人才。

（二）素质教育面向全体学生，重点在于培养学生的创新精神和创新能力

教育，是知识创新、传播和应用的关键，同时这也是培养创新人才的摇篮。素质教育所面向的正是全体学生，并且注重培养学生的创新精神和能够支撑这种创新精神的能力。

相比素质教育，传统教育更加注重对已有知识的传授，常用的教育方法也是枯燥的记忆、模仿和重复，最终通过考试来了解学生对所学知识的掌握程度。这种方式最大的弊端就在于会束缚和压抑学生的想象力和创新精神，最终培养出的学生没有个体特点，就好似批量生产出的"产品"一样。而素质教育理念的提出，恰恰就是要转变传统教育观念，将培养学生的创新精神和能力放到重要地位，为此在教学中就会因材施教，重视课程的综合性、实践性，尽量将所学知识与现实生活相结合，在对学生进行评价时也大大降低了传统应试的比重，更注重对学生进行形成性评价。

在谈到一个人的创新能力时,首先就要明确这是人的一种人格特征,它标志着一个人乐于积极改变自己并努力改变环境的应变能力。创新并不容易,它需要人具备足够的智力,当然还要具有很多非智力的能力。从这点上再看素质教育,其本质就是力求将传统的、以培养和发展学生的注意力、记忆力、观察力、思维力等智力因素为中心的教育模式转变为在发展智力诸因素的同时关注对非智力因素的培养,如兴趣、性格、情感、意志等,并使它们协调全面地发展成为新型教育模式,如此才能为创新能力的提升打好基础。

（三）素质教育注重学生的全面发展

在素质教育理念的要求下,学校不仅要开展智育,还要将德育、美育、劳动技术教育和社会实践等教育一并兼顾,即将德育、智育、体育、美育等有机统一于教育活动的各个环节中,各种教育相互渗透、协调发展,这是各级各类学校都不能回避和消极开展的教育新形式。为此,学校要在做好以往各项教学工作的前提下,为学生营造宽松的发展环境,引进或创新教学内容与形式,保证以促进学生全面发展为任务的素质教育的顺利落实,这是一项长期而艰巨的任务。

三、素质教育的特征

素质教育之所以与传统教育有很大不同,主要就在于其具有一些显著特征。下面就对这些特征进行详细分析。

（一）基础性

素质教育的基础性是其众多特征中最显著的一个。素质教育的基础性特征直接决定了这种教育形式不是人们意识中的那种精英教育,而是为未来人才的成长奠定的基础教育。具体来看,这种基础性包含如下两层含义。

（1）培养学生成为一个完整的人。

（2）学生的全面素质是整个民族具有全面素质的基础。

（二）主体性

主体性，是指在素质教育中注重培养学生的主体意识和主动精神，健全学生的个性。就学生的学习行为来说，这应该是一个积极、主动获取未知知识的的活动，只有学生具有主动学习的精神，才称得上是真正的学习，而不能单单认为学习是一种被动的灌输过程。我国的传统教育忽视了学生在学习中的主体作用，采用的教学方法也多以单项灌输为主，如此就不免给人更多的枯燥感，让学生对学习缺乏兴趣。

素质教育中的主体性特征主要表现为重视对学生智慧潜能的开发和对学生认知能力、发现能力、生活能力、发展能力、创新能力等的培养。在教学中尊重学生的主体地位，并且在教学设计的环节中要突出学生的主体作用，以此来调动他们的学习积极性和对知识的渴求感。因此，素质教育非常重视学生独立人格的培养和形成。

正是在这种主体性的特征下，素质教育必然遵循个性化的原则来培养学生的个性，让每个人都是独一无二的，从而减少教育给学生成长带来的趋同性，鼓励他们发散思维，敢想、敢实践，在规范要求的前提下发展学生的个性特长。

（三）全面性

素质教育的全面性特点主要体现在"两个全面"上，即面向全体学生和学生的全面发展。这点完全符合素质教育提高全体国民素质的根本宗旨，它力争使每名学生都具有作为新一代"社会主义建设者和接班人"所应具备的基本素质。

（四）创新性

从社会经济的角度来说，教育活动的确也为经济建设提供了不可忽视的服务,宏观上说,教育也为我国的现代化建设提供了源源不断的人才助力。在这种情况下,教育需要超前发展,即要走在未来社会发展的前面,甚至是要引领未来社会的发展,如此才能培养出与之相适应和帮助其发展的人才。为此,在素质教育的理念下,就需要重新筛选教学内容、调整教学计划、转变教学模式,以培养学生的全面素质。特别是在培养学生的适应能力和创新能力时,对方法和内容两方面都要重新审视,开展专门的创新性教育活动。

创新性的教育活动要以教育规律为根本,强调课堂学习的质量,注重课外学习活动地位的提升,这些都是发挥学生个性、培养学生特长的必要形式。创新性的教育教学活动要坚持理论联系实际的根本教学原则,使教学内容能够符合当下社会现实,能够与学生的日常生活相结合,使他们所学的知识能够解决生活当中遇到的问题,这是激发他们创新意识和创新热情的基础。

第二节　素质教育概念的产生与实质

一、应试教育的历史渊源与素质教育的现实针对性

素质教育在我国从被重视到今天取得初步成绩已经有三十余年的历史。素质教育理念的出现和被认可不是偶然的,其有着深刻的历史与现实原因。

应试教育是我国长期践行的教育形式,其与素质教育之间有着许多本质上的不同。应试教育,是指以应付考试为目的的教育思想及模式。以现代教育发展的阶段来看,尽管应试教育在一个阶段确实可以起到选拔人才的作用,但从总体上看,其许多环节和理念并不符合教育科学规律。

谈到我国的应试教育,就不能不提在我国历史上长期存在的科举制度,该制度于 20 世纪初期被废除,但其对我国教育理念和模式的影响还在延续,最直接的体现就是以考试作为选拔人才的

方式被保留了下来,进而使得判断一名学生的学习能力,甚至学生的好与坏,都从考试成绩中来判断,这无疑是非常片面的。

这里总结了应试教育被公认的几点不足。

第一,不符合教育科学规律,且没有参考青少年的成长发育规律,考评方法为简单的唯分数论,如此培养出了高分低能的学生。

第二,通过考试选拔精英学生进行精英教育,面向的并非所有学生,压制了学生在其他方面的才华且消磨了他们的上进心。

第三,教学内容偏重文化知识,忽视德、体、美、劳等综合素质的培养。

第四,过多地利用死记硬背的形式进行智育,缺乏对学生创新意识的培养。

其实,无论是我国的教育还是世界其他国家的教育,其本质都在于培养高素质的人才,只是在一些形式和理念上有着不同。中华人民共和国成立后,党的教育方针中也强调了诸多与素质教育理念相一致的内容,但在实际的教学工作中并没有高质量落实,特别是改革开放之后,教育的形式越发脱离素质教育的要求,使得应试教育几乎成为了教育的主要形式。

不难看出,应试教育本身体现了浓厚的急功近利色彩,将本应是培养人的全面性的教育局限在了智育之中,且应试教育中所谓的智育的表现形式也只是"分数"和"升级",考试分数成为了评价学生的唯一标准,更不要谈培养人的综合素质了。这种只是为了获得高分的教育与党的教育方针完全相左。广大教育学者和专家在看到应试教育的弊端和素质教育的优势与必然性后,大力倡导素质教育取代应试教育,这是符合我国现阶段的教育实践和未来社会所需的,带有明显的纠偏性质。

二、素质教育思想的形成与发展

1985 年,中央召开了全国教育工作会议,这是我国改革开放后第一个关于教育的会议。在这次会议上,邓小平同志指出:"我们国家,国力的强弱,经济发展后劲的大小,越来越取决于劳动者的素质,取决于知识分子的数量和质量。"同年 5 月,党中央颁布了《中共中央关于教育体制改革的决定》,根据教育"三个面向"的需要进行制度变革。自此以后,我国的教育人士和广大民众都更加注重国民素质教育之于国家的重要性。20 世纪 80 年代中期,长期实行的应试教育的弊端开始显现,最主要的就是以分数论成败、片面追求升学率以及违背学生身心发育规律等问题。上述问题在我国包括教育界在内的社会各界都引发了大讨论,一时间关于教育事业发展和改革的研究课题也呈爆棚式上涨。

"素质教育"这个词在我国最早出现于 1982 年的第 10 期《教育研究》中的《德育过程的阶段说》一文中,不过当时这篇文章对"素质教育"一词的使用并非现在我们理解的这个定义,而是指对学生的道德素质培养和教育。而第一次在文中使用现代意义上的"素质教育"是在 1988 年 11 月《上海教育》中学版发表的一篇名为《素质教育是初中教育的新目标》的文章中。该文章表述的问题是上海对初中薄弱学校的改造、全面提高初中毕业生素质的必要性,这属于一篇评论性文章。尽管当时这篇文章没有在更大的社会范围内引起反响,但实质上其标志着一种新型教育思想的出现。

1986 年 4 月,六届全国人大第四次会议通过了《中华人民共和国义务教育法》(以下简称《义务教育法》),其中规定:"义务教育必须贯彻国家的教育方针,努力提高教育质量,使儿童、少年在品德、智力、体质等方面全面发展,为提高全民族的素质,培养有理想、有道德、有文化、有纪律的社会主义建设人才奠定基础。"

1990 年,全国城市教育综合改革实验工作会议在沈阳召开,在这次会议上国家教委部门完整地提出了素质教育概念。

1993 年对于我国素质教育思想的形成来说是重要的一年。在这一年的 2 月,由中共中央、国务院颁布了《中国教育改革和发展纲要》(以下简称《纲要》),该《纲要》吸收了前一个时期基础教育关于应试教育与素质教育讨论的重要理论成果,在此基础上提出了20世纪90年代乃至21世纪初我国的教育改革与发展蓝图。《纲要》明确提出："中小学要从'应试教育'转向全面提高国民素质的轨道。面向全体学生，全面提高学生的思想道德、文化科学、劳动技能和身体心理素质，促进学生生动活泼地发展。"

1999年对于我国素质教育理论的成熟是具有标志性的一年。当年6月，党中央、国务院在召开的改革开放以来第三次全国教育工作会议上提出了《深化教育改革全面推进素质教育的决定》。该文件明确了素质教育的实施就是要坚持以"教育必须面向现代化，面向世界，面向未来"的思想为指导，全面贯彻党和国家的教育方针，加强和改进青少年学生的思想品德教育；以提高国民素质和民族的创新能力为根本宗旨，突出培养学生的创新精神和实践能力；深化教育改革，构建适应终身学习需要的教育体系。

2000年3月，江泽民同志在《关于教育问题的谈话》中进一步明确指出："一定要有正确的指导思想和教育方法""把家长希望子女成才的迫切愿望、教师教书育人的心情和学生学习的积极性，引导到正确的方向上来"。

2010年7月，党中央、国务院在全国教育工作会议上正式公布了《国家中长期教育改革和发展规划纲要（2010—2020年）》（以下简称《纲要》）。《纲要》确定了未来10年我国教育改革和发展的主体是"坚持以人为本、全面实施素质教育"。胡锦涛同志在这次会议上也指出："坚持以人为本，在教育工作中的重要着眼点是全面提高国民素质。这就需要全面实施素质教育。实施素质教育不仅涉及教育各个阶段和领域，更涉及文化传统、经济发展、社会结构、用人制度等方方面面，必须统筹兼顾、协调推进，切实把实施素质教育这件大事抓紧抓好、抓出成效。"

总之，改革开放以来，我国从最高领导层到教育界都对素质教育给予了莫大关心，相关学术界也对素质教育理论的探讨有了更多的热情。在实践探索中，也出现了湖南汨罗和山东烟台等素质教育试点学校，这些都为日后素质教育在我国的全面开展做出了有益的尝试，积累了宝贵的经验。

三、素质教育的实质

对于现代社会来说,快速的发展依赖于高质量的人才,这也使得现代的竞争演变为人才的竞争。我国是人口大国,如何将更多的人力转变为高质量的人才就是教育部门需要仔细研究的课题。其中,教育行为无疑是转变的关键,但受限于我国长期的传统文化影响及一系列现实原因,目前我国的教育事业无论是观念、内容还是模式都无疑落后于我国的整体发展水平,其主要体现在培养出的人才不能满足社会发展之所需。面对我国人多才少、国民素质平均水平偏低的现实,实施素质教育是进行教育创新过程中刻不容缓的一步。实施素质教育的实质主要体现在以下几点。

(一)是提高民族整体素质和民族创新能力的必然要求

对于一个民族和国家来说,包括思想道德素质和科学文化素质的民族素质是非常重要的品质,而民族创新能力是民族素质的集中体现。邓小平同志在 1983 年为北京景山学校题写道:"教育要面向现代化,面向世界,面向未来。"这个题词明确显示出教育之于我国现代化建设的重要性,引导了新时期我国教育发展的方向。此后历届中央领导人都曾在不同场合对教育和素质教育的重要性进行过强调,明确了教育的地位与意义。由此就很容易理解素质教育既是数以千万计的专门人才和一大批拔尖创新人才健康成长的必然要求,也是造就数以亿计高素质劳动者的必然要求,这对于一个国家的发展和强盛起到的作用自然是不言自明的。

(二)是建立我国"人才高地"的必然要求

我国是一个人口大国,由此就产生了众多人力。但尽管人力资源总量很大,但限于结构不合理和人才质量不高的困境,我国的人力资源等级并不高。有统计数据显示,我国的人才资源所占比例仅为 5.7％,而人才资源中高层次人才仅占 5.5％。目前,发达国家的科技进步对经济增长的贡献率达到 70％以上,而中国仅为 30％左右。科技水平的发展很大程度上依赖于人才,没有过硬的人才,科技发展领域就必然处于弱势地位。我国与发达国家科技实力的差距不仅体现在科技进步对经济增长的贡献率上,更体现在我国的高、精、尖科技水平严重滞后,尤其是一些关系国民经济命脉和国家安全的关键技术严重滞后,这种情况在 20 世纪八九十年代最为显著。究其根源,就在于我国未能拥有大批具有一流创新能力的人才。创新型人才的培养依赖于良好的教育,甚至是要通过创新型教育来实现,这点对于长期坚持应试教育的我国来说是一个缺陷,传统教育不仅忽视学生的创新思维,甚至还会予以打压,认为他们所谓的创新是错误的和不符合教学要求的。单单从这点来看,就已经展现出了传统教育与现代社会和个体发展相悖的地方。因此,素质教育的实施已到了刻不容缓的时候,这也是我国建立"人才高地"的基础。

(三)是提高我国教育竞争力的客观需要

当今世界各国都在不遗余力地比拼综合国力,科技实力和民族创新能力是展现综合国力的核心,而科技发展和民族创新的核心实质上是通过人才和国民素质实现的,所以归根结底,还是教育领域的竞争。得教育者得人才,得人才者得技术,得技术者得天下。这就是众多国家注重教育事业的原因。邓小平同志曾经指出:"科技是第一生产力。"而"科学技术人才的培养,基础在教育"。他进一步指出:"我们要在科学技术上赶超世界先进水平,不但要提高高等教育的质量,而且首先要提高中小学教育的质量……"提高教育质量的方式就是教育改革,改革的方向就是打造创新型教育,并且全面实施素质教育。如此,才能解脱传统教育对人才的束缚,培养出新一代能够担负起民族复兴大业的新生力量。

（四）是促进人的全面发展的客观需要

社会的发展始终是依靠人的发展才能实现的，而人的发展有时也需要社会的发展来带动，两者是辩证统一的关系。社会的发展促使人的全面发展，但同时也会对人的发展有所限制，而人的发展会为社会发展提供主体条件。在研究了我国长期以来的教育后发现，不论是教育的理念、内容还是模式，都已远远滞后于人的发展需要，如果对此问题不能予以重视，任凭其延续下去，必定会制约我国的总体发展水平。因此，对教育进行改革和创新，将促进人的全面发展作为第一要务才是正确的解决途径。

从脑科学的角度出发看教育，我国的传统教育模式更有利于对左脑功能的开发，但对右脑功能的开发不利，从而影响了整个人脑的整体功能的提升。为此，在倡导素质教育的同时还要在实践当中着眼于人脑潜能的开发，在保持左脑功能开发优势的同时，兼顾右脑的开发，甚至将重点放在右脑乃至人脑的整体功能开发上。

此外，由于接受教育的学生拥有差异较大的个体性特征，这些特征来自于先天的遗传基因以及后天的生活环境和所接受的教育，因此在实施素质教育时要尊重学生个体的差别。教育者要善于发现学生的个性和他们所擅长的技能，并予以正确引导和培养，这既是个人自身发展的要求，也是现代社会发展的需要。素质教育尊重学生的个性特征，摒弃了"一刀切"式的教育方式，鼓励学生在自己所擅长的领域中深入研究，让每个学生都达到他可能达到的最佳水平。

第三节　素质教育与人才培养模式

素质教育的根本目标是培养学生的全面性，以适应现代社会对人才的需求。因此，应紧紧将素质教育与人才培养模式相结合，发挥两者在人才培养方面的优势，最终实现育人目标。对于两者的结合来说,更新教育的传统观念是转变人才培养模式的前提;全面育人、德育为首是转变人才培养模式必须坚持的方向;教育与社会实践相结合是转变人才培养模式必须坚持的原则;重视培养创新精神与实践能力是转变人才培养模式的重点;开展新课程改革是转变人才培养模式的重要环节;改革教学方式是转变人才培养模式的基本途径;完善招生考试制度是转变人才培养模式的重要手段;推进教育体制改革、加强政策支持是转变人才培养模式的重要保障。

本节以《山西新建本科院校体育专业学生就业心理研究》一文中对山西地方本科院校体育专业学生就业心理的研究为例,侧面说明素质教育对学生心理构成的影响,以及在实际的就业活动中对人才培养模式进行思考。该研究以问卷调查法为主,访谈法为辅,从而获取山西新建本科院校体育专业 2011 年毕业生目前的就业状况,并通过数理统计与逻辑分析手段,了解当前毕业生就业情况、就业心理、就业行为等,对毕业生就业渠道、毕业生自身素质、就业意愿、薪酬期望等指标进行了详细分析,结合国家当前的政策和对体育专业的社会需求等因素,来剖析目前体育教育专业毕业生就业存在的问题。

研究结果显示,山西省新建本科院校体育专业毕业生在择业上正在趋于理性化。绝大部分毕业生拥有正确的择业观念,但部分毕业生因择业期望过高及心理存在一定的偏差等因素,导致就业期望与就业现实存在较大的差距。具体情况如下。

(1)毕业生自身素质问题。四所院校在招生中,体育类学生多按特长生招录,相比于普通高校的生源文化素质水平相对较低。并且在进入学校后,75%的学生会进一步放松对文化课的学习,导致很多毕业生在文化素质方面与其他类高校的毕业生差距较大,这样学生就业时面临的就业选择和就业空间就缩小了。因此,体育专业毕业生在学好自身专业课的同时,也要积极参与各种相关知识的学习,参加社会实践,不断提高自身素质,争取成为复合型人才。

　　(2)毕业生择业倾向问题。调查结果显示,部分毕业生择业期望过高,与现实产生一定的矛盾。经过四年的学习,体育院校的毕业生大多掌握了系统的知识体系,但是由于与社会的接触少,对社会的现状缺乏正确的认识,导致他们常常对自己的评估不准确,就业标准定得过高,不愿意到基层岗位就业,甚至少数毕业生宁肯待业也不愿意从事基层岗位的工作。体育专业毕业生应该积极转变就业观念,主动适应社会需求,树立正确的择业观和就业观。

　　(3)毕业生就业心态问题。调查中发现,四所院校毕业生在就业过程中存在一些心理问题。这主要是由于毕业生没有社会经验,加上当前就业压力很大,很容易受到外部环境的影响,从而引起心理的波动,这一点应该引起各个院校的重视。在就业心态方面主要有以下几种心态问题。

　　①自卑心态:毕业生刚从大学校园走向社会,缺少了同学和老师的关怀,也缺少社会经验和社会锻炼。在求职面试过程中,往往出现羞愧、紧张、心理状态不好等问题,对面试官小心翼翼,缺少积极沟通的勇气,充满自卑心理,从而不能展示真实的自己。这种心理作用使得很多学生失去了就业机会。

　　②自负心态:这种心理正好与自卑相对应,有部分毕业生盲目夸大自己的能力,择业中挑三拣四,不能脚踏实地思考和分析自己的优势和劣势。这种心理大都是由于家庭环境造成的。

　　③焦虑、恐慌心态:毕业生即将离开学校走向社会时,会产生危机感、迷茫感,甚至是恐惧感,担心自己找不到工作、在竞争中失败等。这种心态造成的直接后果是毕业生情绪躁动、睡眠不好、精神状态萎靡。部分学生甚至会因为能力低下、没有社会关系而消极懈怠,在就业过程中产生逆反心理。

　　④依靠、盲从心态:毕业生身心都尚未完全成熟,对工作的认知度较低,在择业时主要参考家长和老师的意见,择业过程中没有将自己的性格爱好、专业技能等诸多因素考虑在内,对工作的选择具有一定的盲目性。同时一部分毕业生在毕业之际根本不

去参加招聘会,而是等待父母的安排,表现出不成熟、不愿意独立的心态,这些对毕业生今后的发展都是不利的。在择业过程中毕业生对于招聘信息缺少应有的甄别能力,出现上当受骗的现象。

在分析了研究结果后,根据学生出现的就业心理问题,从素质教育的角度上给予如下一些建议。

(1)树立先就业、后择业、再创业的观念。面对当今人才制度的变化,应树立"先就业、后择业"的就业观念。现今毕业生应该做好充分的心理准备。就业过程就是对自我的不断发现和认识的过程,这个过程需要毕业生准确给自己定位,需要毕业生了解社会需求和自身能力之后才能准确定位。

(2)鼓励毕业生到基层就业。学校通过开展就业指导工作和宣传工作,让毕业生明白当前的就业形势,加强毕业生的三观教育,鼓励毕业生到基层工作。毕业生自身也要认清当前的就业形势,勇于挑战自己,敢于到基层工作,将基层工作作为自己事业的起点。学校要引导大学生建立正确的就业观念,做出正确的就业抉择。

(3)鼓励毕业生进入社区工作,拓宽就业渠道。当前中国社区体育有了很大进步和发展,但由于缺少专业的体育人才,使得很多社区的体育运动不专业、不正确。加上居民参与意识薄弱、引导不到位等,使得社区体育活动形式单一、乏味。因此,社区体育也是今后体育人才就业的渠道之一。预计在未来伴随经济的进一步发展,社区体育将会取得更快的发展,学校应加强与社区的交流,及时获取相关需求信息,为毕业生就业提供便利。

(4)鼓励毕业生积极、主动地适应现代社会对人才的需求。学校首先要针对体育教育专业毕业生的就业特点和形势,深入调查社会对体育人才的需求标准,从培养方案、课程目标、学生的就业指导工作等方面着手,有针对性地对毕业生进行专业知识和综合素质的培养,以提高学生的就业能力。体育专业学生要重视交叉学科的学习,增强自身综合能力,适应竞争激烈的人才市场的需求。

此外,就业过程中学校应该为毕业生提供更多的招聘信息,建立招聘与求职信息的交流平台。开展有关求职技能的讲座和培训,提供就业政策解读的相关服务和个性化的就业心理辅导等,帮助毕业生及时合理地就业。

第四节　体育教学基本理论

一、体育教学的概念与内涵

(一)体育教学的概念

体育教学是众多教学行为的一种,是教学与体育相结合的产物。相比传统的学科教学,体育教学中融合了更多教学方法和手段。与其他形式的教学一样,体育教学的过程中需要有相应的组织和管理。但与其他学科不同的是,体育教学对教学环境的要求更高,如需要干净且符合一定规格的场地、教学所用的器材,以及其他为满足教学安全而设置的用具和环境。这样看来,体育教学也是一项非常严谨、科学的教学活动,而不是很多人心目中的"玩耍"课程。

总地来看,体育教学是指在体育教师的组织和指导下,通过对体育理论知识和技能的传授,并以身体锻炼为主要手段,从而增进学生身心健康和社会适应能力、培养良好的思想品德、促进个性发展的教育过程。

(二)体育教学概念的内涵

体育教学相比其他学科的教学来说,其呈现出一个动态的教学过程,这一过程中既包含体育理论知识的传授,还包含运动技能的传授,特别是以运动技能的传授为主要特点。体育教学概念的内涵较为丰富,在社会发展的不同时期会被人们赋予不同的含义。现如今,体育教学概念的内涵主要包括以下三个方面。

1. 体育教学是一门学科

体育教学与其他学科教学一样，都有自己的教学目标、教学内容、教学评价等要素，但这些元素明显带有体育教学的固有特点。体育教学的目标是发展学生体能、增进学生身心健康，在这一总体目标的指导下，还将其与德、智、美、劳的内容结合进行教学，以此促进学生身心的全面发展，进而成为素质教育的重要方式之一。为了实现体育教学目标，就需要选择恰当的教学内容和教学方法。然而从现代教育学的观点看来，仅仅在这一层次上进行界定还不够，目前的体育教学更强调学习体育运动的知识与技能本身，不重视培养学生参加体育运动的主动意识，不能很好地反映出情感态度，这是体育教学作为一门学科需要改进的地方。

2. 体育教学是教育的组成部分

仔细研究可以发现，体育教学中的很多知识都超出了运动的范畴，其包含了生物学、生物化学、心理学、教育学、哲学等许多学科的内容。这些学科的内容都与体育项目的教学紧密相关，再加上与德、智、美、劳的教育课程相配合，共同达到了促进学生身心全面发展的目标。由此可以看出，体育教学是整个教育中不可或缺的组成部分。

3. 体育教学是活动

体育教学主要是有目的、有计划、有组织的体育活动的组合。其中不只有以身体锻炼为主要形式的运动技能的传授，同时还有众多体育理论知识的传授，如不同项目的运动史，运动项目或体育学习的概念、特点、价值等，但主体还是一种注重身体锻炼的教学活动。由此可知，体育教学并不只是把理论知识背熟即可，理论知识的学习还是要与运动实践相结合，并从身体活动上展现出来，以达到一定的运动技能水平。

二、体育教学的目标

（一）体育教学目标的概念

对于体育教学目标的理解首先要探讨体育教学与其他学科教学的共性与差异。

就共性来说，体育教学与其他学科教学一样都属于教学的一类。那么，体育教学就自然带有了教学活动的特征，具体如下。

（1）体育课是学校的必修课。

（2）体育教学的授课制可以采用自然班制，也可以根据需要采用选择分组制。但无论是哪种制度的教学，体育教学的组织都是以一个年龄相仿的学生群体为单位进行的。

（3）体育教学中存在多种形式的多边关系。

（4）体育教师和学生都是体育教学的主体。

就差异来说，有如下几点。

（1）体育教学的场所主要为户外环境，而其他学科教学的主要场所基本为室内。

（2）体育教学的内容为与体育活动相关的运动技术或知识，而其他学科教学的内容主要是理论性知识，也有一些实验活动等实践性知识。

（3）体育教学的学习手段是身体练习与思维活动相结合，而其他学科教学基本是大脑思维活动。

（4）体育教学中学生要承受一定的身体与心理负荷，而其他学科教学中学生只需要承受心理层面的负荷，生理负荷几乎可以忽略不计。

（5）体育教学侧重的学生智力因素主要体现在时空感觉、运动智力等方面，而其他学科教学则侧重的是学生的语言智力、逻辑智力、自我认识智力等因素。

（6）体育教学中学生身体之间的对抗或交流有许多，而其他学科教学基本没有。

(7)体育教学需要学生对内在机体进行自我操作、体验与感悟,而其他学科教学要求学生理解与感悟的内容基本为外部知识。

上面这些对体育教学与其他学科教学活动的对比明显揭示了两者之间的本质差异,其核心差异就在于体育教学是针对运动技术的教学,体育教学与其他学科教学活动的其他差异都是在此基础上产生的。因此,对体育教学目标定义的表述要突出这一点。

通过上面的表述与分析,这里可以给体育教学的目标下一个定义,即体育教学目标是在运动技术教学过程中师生预期达到的结果和标准。

(二)制定合理的体育教学目标的意义

体育教学目标的制定对体育教学预期效果的实现非常关键,其重要意义在于如下几点。

1. 保障实现体育教学目的的需要

只有制定合理的教学目标,体育教育的目的才能达成。例如,在某一个阶段内,让学生掌握一定的运动技能,并且通过参加这一活动获得身体上的锻炼等。

2. 充分发挥体育学科功能的需要

体育教学功能的实现依赖合理的教学目标。体育教学的功能是多样化的,当然这要依托于合理教学目标的制定,如果目标制定有误,即便教学可以顺利进行,但结果总是会偏离体育教学的基本功能。例如,体育教学中健身功能的实现需要制定与之相匹配的目标。

3. 最终实现总目标的需要

体育教学目标除了有一个总目标外,在不同教学阶段还有细化出来的众多小目标。只有在教学过程中按计划实现这些小目标，最终才能实现总目标。因此，对于体育教学目标的制定要层层展开，确保其中逻辑的严谨，这是最终实现总目标的必要基础。

4. 明确和落实体育教学任务的需要

体育教学目标决定相应的教学任务安排。确定教学任务的依据就是体育教学目标必须先有教学目标，而后才有教学任务。没有教学目标的教学任务是没有意义的。

5. 检验体育教学成果的需要

教学目标的达成与否是判定和检验体育教学效果的标准。在体育教学过程中，教学目标是否能够达成有着明确的标准，通过对目标达成质量的测评可以充分反映出体育教学开展的状况。如果没有实现之前制定的教学目标，则需要找寻其中的原因并尽快解决。如果顺利达成目标，则需要总结其中值得肯定的地方，以供日后教学参考。

6. 激励教师与学生的需要

只有树立了正确的目标，教师的教和学生的学才有方向和动力。一个合理的体育教学目标能够指引教师的努力方向和学生的学习愿望，各阶段教学目标的达成都会让学生更进一步、更加接近一种能力的获得，更增加了他们对体育运动的理解和热情。

（三）体育教学目标的体系

体育教学目标拥有一个包含众多级别的体系。就学校体育教育来说，其最高目标为学校体育目标，然后逐级向下分别有体育教学总目标、单元目标、课时目标，相邻级别的目标具有关联性和递进性，每一个下属目标都是其上级目标的具体化。

1. 学校体育目标

从学校层面来讲，学校体育目标处于体育教学目标体系的最顶端。学校体育目标决定着下面设立的各项体育教学目标,对其起到指导作用。

2. 体育教学总目标

体育教学总目标是体育教学最终阶段的成果总和。体育教学总目标对下属各个层次的教学目标具有指导意义。这个总目标由实质性目标、发展性目标和教育性目标三个方面构成。其中,实质性目标是学生在经过教学活动后应掌握的具体体育理论知识及运动技能;发展性目标是学生通过体育学习实现全面素质提升;教育性目标是对学生价值观和个人品质等方面的培养。

3. 单元目标

单元,是指一门课程中相对独立、完整的组成部分。对单元的合理划分可以反映出课程编制者对这门课程或概念体系结构的看法,以及对这一体系按照教育学的要求与规律所做的逻辑安排。而单元目标,则是在单元概念的基础上制定的、对教师的教学活动具有直接指导意义的目标安排。

4. 课时目标

课堂教学是学校体育教学活动的最常见形式,如此就需要给每一堂课都设立一个教学目标,这是单元目标的具体化,同时也是最为基础的目标。由于无论什么级别的体育教学目标最终都是要在课时目标中落实的,因此,课堂目标的完成就是体育教学总目标的基础。

(四)现代体育教学目标的制定

1. 体育教学目标制定的程序

体育教学目标的制定通常按照三个步骤进行。

第一步,对教学对象有深刻的了解。体育教学的对象无疑就是众多学生,为此,在制定教学目标时,首先就要分析学生,分析的切入点主要为学生的身心发展规律,同时从教学角度出发对学生的学习需求和动机进行深入了解,这样才能为制定教学目标提供依据。具体要了解的内容主要有学生的体能情况、运动技能的掌握情况、体育知识的掌握情况等。

第二步,对教学内容有细致的分析。体育教学目标的设定需要以教学内容作为考量依据,不同的教学内容对教学目标的确定有不同的标准。因此,对体育教学目标的设定需要对教学内容进行细致分析,教学内容不同必然会有不同的教学特点和方法。

第三步,制定教学计划。学校体育教学目标通常在"单元"或"课"的教学计划中按照课程的水平目标分别陈述。因此,教学计划的制定也就是体育教学目标制定的最终步骤。

2. 体育教学目标制定的基本要求

(1)体育教学目标要具体明确

体育教学目标的制定就是为了让教师和学生知道其所参与的体育教学活动要达到什么目的,为此,体育教学目标的制定首先要秉承具体的原则,以肯定的、陈述的语句来描述,避免含糊不清的表述。模糊的教学目标只会使学生对学习产生疑惑。

(2)体育教学目标要系统有序

对于整个教学体系来说,体育教学目标的设定只是其中的一个环节。为了与系统中的其他环节相匹配,在制定体育教学目标时应予以统筹考虑,对目标进行科学、系统的分析和制定。

要想做到系统有序,具体来说首先要对教学任务、教学起点以及结果进行分析,特别要与其他环节结合起来分析,这样才能使体育教学中的各方面相互补充、相互促进。另外,在设定体育教学目标时,还要兼顾好各层各类的具体教学目标,形成纵贯横联、完整和谐的系统。

(3)体育教学目标要难度适中

体育教学目标的制定要确保难度适中,应以设在学生的最近发展区为宜,即设立的目标应在学生通过努力就可以达到的范围内,太高的目标脱离了学生实际,他们无论怎样努力都很难达到,这种目标就是不适宜的,很容易打击学生的学习积极性。而太低的目标很容易达到,也不利于激励学生前进。另外,所谓的难度适中的目标并不适用于所有学生,这是由学生的不同基础和接受能力决定的。那么,为了应对这种情况,需要在基本目标的基础上进行一些调整,而这需要以充分了解学生情况为基础。

(4)体育教学目标要便于检测

体育教学目标都是要尽力实现的,而是否实现、实现的质量如何,就需要有辨别性十足的检测方法,因而体育教学目标要明确和便于检测。如果目标模糊不清,则会影响对教学的客观评价,教师的教学也会没有方向,学生的学习目标也尚不明确。体育教学目标要便于检测,除了对身体素质和学生运动技能掌握情况进行检测外,还不能忽视对学生在体育文化知识以及体育情感方面的检测,对这些内容的检测更加响应素质教育的倡导。

三、体育教学的特点

体育教学的特点是将其与其他学科教学相区分的重要因素。对体育教学特点进行研究有助于更深层次地了解体育教学活动,为此,首先就要从体育教学的性质开始分析和探究。与其他学科教学的性质相比,体育教学也带有必然的教学属性,如其是教师与学生的双边活动、以班级授课制作为主要教学模式、目的是传承相应的知识和技能等。结合体育教学的性质,并与其他相关的学科进行对比分析,由此可知体育教学的基本特点,具体如下。

(一)传承运动知识的操作性

体育教学所传授的是"身体的知识",对于"身体知识"的传授起源于远古时人们打猎和躲避猛兽袭击的技巧的代代相传。在今天,对于运动技能的传授其本质还是一种回归人类自身感觉的知识,这种知识是人类知识发展过程中的一种特殊知识,是人们将外部生存环境中所蕴含的知识转向为人体内部知识的结果。如今的教育界非常关注"学生主体性"的发挥,实质上,这也是一种追求人类自我知识的回归,它代表了体育教学的特殊性,并且还赋予了体育教学知识传承的重要意义。

(二)师生身体活动的频繁性

在体育教学过程中体育教师要向学生传递许多"身体知识",因此,最好的方式就是直接以身体动作的形式来传达,即教师经常使用动作示范的手段来与学生频繁互动。而学生也需要以身体动作的方式表达是否接收到了教师传递的信息。这就足以说明,没有身体的反复操作与演练,就不能实现运动技能的传递。所以,在体育教学中,教师与学生在身体层面上的互动非常频繁,这个特征与其他学科的教学活动相比是非常显著的差别。其他学科的教学活动大多是在室内进行的,需要保持相对安静,如此环境才能激发学生的思维和有利于他们集中注意力。体育教学则恰恰相反,其教学活动既需要有相对安静的环境,同时在身体练习时又需要有相对活跃的氛围,以此调动学生身体的活跃度和运动情绪。

(三)学生身心合一的统一性

体育对人的改造是一种利用人与自然必然规律的改造,对于接受体育教育的人来说,他不仅身体外在形态和内在生理机能得到了改善,同时其心理和社会适应力也获得了进步。这要得益于体育教学创造了一种与传统偏重智育的学科教学大不相同的教学情境,这种特殊的教学情境是生动的、直观的、外显的,这是非常适合学生心理与社会适应能力健康发展的。辩证唯物论的观点认为,体育教学中的身心发展是一元的,两者互相联系、相辅相成,即心理的发展依赖于身体的发展,而心理的发展同时也能为身体的发展提供促进作用。下面就主要从三个方面深入探讨体育教学中身心合一的统一性特征的表现。

首先,体育教师的教学组织与管理方式必须要符合学生身心发展的规律。学生毕竟不是专业运动员,这就使得在进行体育教学时要考虑到处于不同生长阶段的学生的身体和心理特点,适当调整强度和安排休息时间,让学生在合理的负荷范围内锻炼身体各方面的机能,最终呈现出一种真正有利于健康的、波浪式的身体成长曲线。

其次,体育教学中要适当选择教学内容,这些内容不仅要满足学生的体育学习需求、符合他们的兴趣、促进他们的身体健康,同时还要注意内容健康、阳光、向上,以促进他们心理的健康成长。除此之外,最好还能符合美学和社会学等方面的要求。

最后,体育教学还符合学生的心理特点、年龄特点,因为学生的心理活动(主要指思维、情绪、注意、意志)也呈现出高低起伏的曲线图像。体育教学也要有与学生生理、心理负荷波浪式的曲线变化规律相符合的变化。因此,体育教师应根据学生心理特征安排各种教法,在培养学生综合体育素养的同时还能培养他们参与体育运动的强烈意识,进而促进学生终身体育意识的形成,真正使体育运动成为学生生活中的一部分。

(四)教学过程的直观形象性

在体育教学过程中的各个环节里几乎都能展现出鲜明的直观形象性特征。具体到环节中表现在体育教师在讲解知识或运动技能的过程中都要清晰明确、语气有变化、声音大小有起伏、能够突出重点,如此能够加深学生对教学内容的感知。而在动作示范环节体育教师要保证动作标准、清晰、快慢有度,在指导学生练习的过程中做到及时发现错误,并做出正确动作与之相对比,使学生从感官上直接感知动作,建立正确的、清晰的运动表象。在这种直观形象化的教学中,学生能最直接地接收正确的信息,与思维直接结合,如此会更顺畅地"消化"所学知识和技能。

另外,在体育教学组织与管理的过程中也能体现出直观形象性。这是因为学生在学习中的一举一动都是外显的、直接的,是可以通过观察获悉的。为此,体育教师要为人师表、以身作则,给学生做好榜样。在教学中教师要密切观察学生,并在心中快速建立起第一印象,对学生进行准确定位,便于日后教学工作的具体开展。

（五）外界条件的制约性

体育教学需要借助很多外部客观条件来实现,如此其教学也就更容易因外界条件的改变而受到影响。这些外界条件包括学生的情况,如学生年龄、运动经历、性别、初始体质等,还包括外部教学环境,如场地条件、气候条件、器材情况等。

体育教学是体育教育的重要形式,而体育教育又是素质教育的重要组成部分,由此体育教育也必定是面向全体学生展开的教育,这就需要体育教学不仅要能适合大多数学生,还要对少数学生群体有所倾向,最终达到所有学生都能从体育教学中获益的目的。如果忽视这点,盲目地搞"一刀切"似的教学,不仅达不到增强体质的教学效果,而且还有可能增加学生对体育学习的厌烦感。

从体育教学安全环境的角度来说,外界条件的安全性是不容忽视的。体育教学基本在室外环境进行,室外环境本就与室内教学环境不同,宽阔的视野更容易分散学生的注意力。此外,天气、场地等条件也带来了更多的不可控因素,这些都需要体育教学管理人员和体育教师予以关注。因此,从大到制定体育教学计划和小到课前准备,体育教师都必须考虑到众多客观因素对体育教学的影响,并做好预案,以此最大限度地消除这些因素给教学带来的干扰。

四、体育教学的功能

包括体育教育在内的所有教育的目的都是要把受教育者培养成为社会发展所需的人才,这是人们普遍认为的教育的结果。而教育功能与教育结果的差别在于,教育功能是某一事物在环境中所能发挥的作用与能力。将这个概念与体育教学相结合，就能分析出体育教学的功能。要想了解体育教学的功能，首先要厘清体育教学的内部结构，其包含学段、学年、学期、单元、课时等教学，从而拥有完备的体系结构。这一结构本身带有中性特点，因此这就决定了体育教学功能也是中性的，且其中更多是积极的功能，是能够给学生带来好处的功能。由此也就得出了"结构决定功能"可以作为分析体育教学功能的一个视角。下面就对体育教学的多样化功能进行具体阐述。

（一）传承体育文化的功能

体育教学中几乎所有教学内容都属于一种体育文化。从体育教学的系统结构视角出发，把每一堂体育教学课相加，可以构成单元教学计划；将单元教学计划相加就构成了学期教学；将两个学期教学相加就构成了学年教学。如此这样就构成了小学、初中、高中等学段的教学。如果从微观内容的视角出发，将某项运动技术的动作环节相加就构成了完整的技术动作；将不同技术动作有机结合就构成了技术组合，进而构成了战术。结合以上两个视角，学生可以学习到较为完整的运动文化，掌握各种运动技能，从而实现体育教学传承体育文化的功能，而这些都依赖于体育教学活动。

（二）传授运动技能与知识的功能

体育课程是体育教学中最小的单位，体育课程是直接传递学习内容的活动，体育教师是知识和技能的传递者。由此可知，体育教学就是运动知识和技术的传习活动，具有传授技能的功能。对于体育知识和技能的学习，学生要身体力行参与练习，缺少这个实践的环节，体育教学的传授功能就会大打折扣。

体育教师在体育课程中传授的运动技能是非常具体的，其可以细微到某个运动项目中的一个技术，甚至再细微到这个技术动作中的某一个动作环节。例如，在乒乓球运动技术教学中，教师教授的内容是正手攻球,而在真正的教学中要深入到这个动作的细节,如除了手臂动作外,还有对蹬腿、转腰的细微要求。实际上,大多数运动项目的技能教学都要经历这个过程,只有从小的运动技术学起,才能积少成多,掌握整个运动项目的技术。

(三)促进学生身体发展的功能

任何一个阶段的体育教学都需要学生承担一定的身体负荷,这种身体负荷对学生的机体会产生一定的刺激,刺激进而为身体的众多生理机能带来促进作用。再加上体育教学中有多样化的内容,这就会使学生身体得到全面锻炼,如在各级别学校的体育教学中都有田径的短跑和长跑项目,短跑项目主要对学生腿部的爆发力和速度等素质起到锻炼作用,而长跑项目则更倾向于锻炼学生的耐力素质。当然,体育教学中的运动负荷一定要科学安排,并非越大越好,过大的运动负荷不仅不利于学生的身体发育,甚至还会带来更高的运动损伤几率。由此可见,只有运用科学的教法与组织形式,科学、合理地安排运动负荷,才是体育教学发挥其促进学生身体发展功能的保障。

(四)促进学生心理发展的功能

身心合一的关键就在于人的生理与心理的统一性,两者的关联性非常紧密。就体育教学来说,它的主要开展形式是指导学生进行身体锻炼,在这同时,学生的心理、性格、意志等也发生了积极变化。这点与其他学科既有共性,也有不同。共性在于所有教育都具备育人的功能,都是通过教师传递知识来实现的。教学更为重要的作用是传授人类社会的各种道德、规范与理念,这是学生走向社会之前的必学内容。而不同点在于,体育教学是在特殊的场合中,由教师传授体育运动过程中人类外显的行为规范和准则,而这些规范和准则与社会的道德规范是高度符合的,正因如此,体育教学对学生心理的发展才具有重要的意义与价值。

体育教学对学生的心理影响主要体现在两个方面上,一个是个人心理,另一个是团体心理。对个人心理的影响主要为通过体育教学可以缓解学生的学习压力,是放松精神的绝佳方式,还有可以通过体育运动公平竞争的理念,培养学生努力奋进的精神。对学生团体心理的影响主要为通过对学生在团队中的角色培养,让他们能够在团队中给自己一个准确的定位,学会个人利益服从集体利益,为集体贡献个人力量,成就团队荣誉。

(五)提高学生社会交往能力的功能

长期的体育教学实践表明,体育教育可以促进学生包括社会交往能力在内的社会适应力的提升。之所以如此,在于学生在体育教学中会频繁与他人产生交流,这个他人可能是老师,也可能是同学,这点与其他学科教学或社会活动有很大的差别。再加上体育教学中的多样活动更是突出了这种交流的频繁性,如此看来,体育教学更像是一个微缩的"社会",身处这个"社会"中的学生都有各自的角色,他们要在教学规则或运动规则的限制下行事,若不遵循,必然受到惩罚;若表现突出,则得到表扬和称赞。体育教学作为这个"社会"的执法者和监督者必须秉承公平、公正的原则,如此才能培养学生良好的体育道德,进而培养学生的社会道德。

五、体育教学的过程

(一)体育教学过程的准备阶段

准备阶段是开展体育教学的第一个阶段。在这一阶段中,教师与学生都有各自的任务要完成,教师的任务为备课以及完成其他与课程相关的准备工作,学生的任务为预习即将学习的内容。上述教师与学生在准备阶段中的任务被视为体育教学准备阶段的两个子系统,这两个子系统的展开都是以所教的体育知识、运动技能为依据的。

1. 教师备课

在包括体育教学在内的所有学科教学的准备阶段中,教师的备课都是非常重要的工作,这是上好一堂高质量教学课的基础。对于体育教学来说,体育教师备课的依据是《体育(与健康)课程标准》的要求和本校体育课程资源的条件,然后结合学生的实际体育能力,选择最恰当的体育教学方法。为了学生能更好地掌握教学内容,教师需要在备课中进一步细化知识点,特别是运动技能中的重点与难点,把教学目标细化,如此的备课才算是高质量的备课。

2. 学生预习

学生在体育教学的准备阶段中要做好预习,即提前对即将学习的内容有一个初步的了解,这样更容易发现问题,带着问题来到课堂会给问题的解决带来更方便的渠道,在上课时做到心中有数,更能确定学习的重点,提高练习效率。

(二)体育教学过程的实施阶段

在体育课的课前准备工作结束后就要进入到实施阶段。实施阶段是体育教师完成传授活动的主要阶段,也是决定教学效果的重要阶段。为了取得理想的教学效果,应该按照以下要求进行。

1. 明确目标

为了确保体育教学目标的实现,首先就要明确这个目标,目标的确立能够给体育教学以引导。目标的制定不是随机的,也不是凭借体育教师的经验而定的,而是要依据《体育(与健康)课程标准》和学生的实际能力来科学制定。目标的设定应该在学生的最近发展区内,使学生有信心、有能力完成学习任务。当这个目标确定后,体育教师和学生在课堂上的教与学都会围绕这个目标进行。

2. 调控得当

在体育教学的实施阶段中需要教师和学生共同参与教学调控。

(1)体育教师的参与

体育教师对教学调控的参与行为主要有选择恰当的教学方法,以保证教学具有一定的激励性、启发性;根据体育教学内容的难易程度合理分配教学时间;避免对所有学生采取"一刀切"似的教学方式,要在保证教学的整体性的同时兼顾学生的个体差异;及时了解和评估学生的运动技能的掌握情况,并以此为依据决定是否对教学进度进行必要调整。

(2)学生的参与

学生对教学调控的参与行为主要有集中精力,注意观察教师的动作示范,认真练习,合理分配精力,实现高效学习。

3. 积极互动

体育教学过程中要将教师的主导作用与学生的主体作用相结合。其中,体育教师应努力营造良好的学习气氛,想方设法采用多种方式调动学生学习的积极性和对体育运动的参与热情;学生应在教师的指导下,积极对所学内容有所回应,展现出强烈的学习主动性,甚至将这种主动性延续到课下及日常生活之中。

(三)体育教学过程的检查与评价阶段

在体育教学系统中,最后的环节是检查与评价,其功能主要表现在使学生进一步巩固所学体育知识、运动技能,同时获得学生掌握运动技能的反馈信息。两个功能中,获得学生学习反馈是相对较为重要的一个,可以为调整下一阶段的教学提供依据。

在体育教学效果的检查与评价中,检查和评价是两个独立但又相互联系的环节。检查的方式有观察、对学生进行身体素质测评、对所学运动技能展示等，其目的为了解教学效果。评价则是在检查之后进行，即在检查的基础上对教与学的效果做出评估和鉴定，对达到规定体育教学目标的程度进行评定，还有就是对学生学习态度、思想状况做出评定。对体育教师的评定包括完成教学目标的情况、教学态度与能力、经验总结以及教学方法的改进等内容。

通过上述可知，在体育教学过程中，三个阶段之间有着非常缜密的逻辑关系，它们环环相扣、相互促进，共同形成了一个完整的、动态的教学运行系统。

第五节　体育教学研究

一、体育教学研究的内容

体育教学研究的内容有很多，可以大致将其归纳为五个方面，具体如下。

（一）教学思想和目标的研究

体育教学活动是有意识、有组织的社会性活动，其离不开人的判断和思考、定位。体育教学思想和目标的研究是对体育教学方向和教学功能的研究，对于体育教学改革具有重要的意义。

体育教学目标的研究主要包括如下几方面：体育教学指导思想的研究、体育教学目标的研究、体育学科的功能与价值研究、体育教学改革方向与目标的研究等。

当前在体育教学目标的研究中比较具有代表性的有：体育教学对提高学生身体发展、社会性发展、心理健康发展、个性发展意义的研究；世界各国体育教育思想研究；体育教学对促进学生个性发展意义的研究；现阶段体育教学目标的定位研究；体育教学目标系统与目标层次的研究等。

（二）教学内容的研究

体育教学内容是教师讲授和学生学习的相关方面，而教科书则是其重要的载体。运动技术和技能是体育教学的重要内容。体育运动项目众多，不可能将所有的运动技术都传授给学生，需要选择和优化一些相应的运动项目，对其进行教材化处理，再传授给学生。

关于体育教学内容的研究主要包括：体育教学内容的选择与编排的相关理论、体育教学课程内容的合理性研究、体育教科书创编的相关研究、体育教学计划的研究、体育与健康知识的研究等。

当前常见的对体育教学内容的研究有很多，如体育教学内容选编的相关原则、体育教学内容的整体现状分析、体育运动项目的教材化研究、民族传统体育教学内容的相关研究、体育教案研究等。

（三）教学主体的研究

体育教学活动是人的社会性活动，因此体育教学活动过程中的"人"发挥着重要的作用。体育教学活动中的"人"作为教学的主体，是体育教学研究的重要方面。体育教学过程中，师生之间的相互关系始终贯穿于体育教学的全过程。在开展体育教学研究时，应反映这一作用，通过对其进行研究，促进体育教学效率的提高。具体来说，针对教学主体的研究主要有以下两个方面的内容。

1. 学生

对学生主体的研究主要包括如下几方面：学生在教学过程中的角色研究、教与学的关系研究、体育教学与学生身体发展的关系研究、体育教学与学生心理发展特点的关系研究、影响学生体育学习的各项因素的分析、集体环境对学生个体的影响等。常见的研究内容有各个年龄阶段学生身体发展情况研究、学生对体育学科学习期待的调查研究、体育教学中学习小组的作用研究等。

2. 教师

有关体育教师的相关研究如下:体育教师在教学中的角色研究、体育教师知识结构与教学能力研究、体育教师的职责及职业特征研究、教学过程中体育教师与学生的相互作用研究等。具体的研究内容有体育师资问题的解决对策、体育教师的职业特点与智能结构、优秀体育教师的条件及成长规律等。

(四)教学过程的研究

体育教学过程是体育教学研究的重要方面。我们知道,体育教学在特定的时空里开展,教学过程是教学活动最为核心的要素。对其进行研究能够促进体育教学过程的优化发展,促进体育教学质量的提高,推进体育教学目标的实现。体育教学过程的研究主要包括:体育教学过程的结构和特点方面的研究、体育教学基本功能的研究、体育教学基本规律的研究等。当前,常见的体育教学过程的研究内容有促进体育教学质量提高的相关研究、体育教学过程设计的研究、体育教学的主要效能研究等。

(五)教学条件的研究

在体育教学开展的过程中,需要具有良好的物质条件作为支撑,需要学校创设良好的教学环境。良好的体育教学条件是体育教学质量的有效保证。这就需要对体育教学的条件进行研究。

体育教学条件的研究包括:体育教学环境的内容及其相关研究、体育教学场地和设施的相关研究、体育教学现代化工具的运用研究、体育教学环境管理研究等。

当前体育教学条件的研究内容有我国体育场地和器材的现状研究、体育教学场地器材的研制与开发研究、体育场地设施的使用和管理方面的研究、体育教学设施人性化设计研究、教学媒体在体育教学中的应用研究等。

二、体育教学研究的方法

在进行体育教学研究时,其研究方法有多种,包括问卷调查法、文献资料法、教学观察法和教学实验法等。下面对这些研究方法进行分析。

(一)问卷调查法

问卷调查法是现代体育教学研究的重要方法之一,这一方法还普遍应用于其他形式的调查研究中。这一研究方法需要研究者根据研究目标来设计相应的问题,然后向被调查者了解情况和征询意见。

通过设计相应的调查问卷,向调查对象发放这些调查问卷,并对调查问卷的结果进行分析,从而得出相应的结论。需要注意的是,调查问卷的设计具有较高的要求,各项问题应具有较强的目的性和逻辑性。

体育教学研究中,问卷调查法是一种间接、书面的调查方法,将设计好的调查问卷通过邮寄、发放、电子邮件等形式发送给调查对象,调查对象填写调查问卷,其调查成本相对较低,并且有利于被调查者充分表达自己的看法。但是,这一调查方法也具有一定的弊端,其一是不能保证调查问卷能够及时收回;其二,调查问卷对于调查者的要求较高,需要调查者具有良好的问卷设计能力。在采用问卷调查法时,应注意以下几方面的问题。

1. 问卷调查的结构

通常情况下,问卷调查的结构主要由题目、指导语、问卷的具体内容等方面构成。

(1)题目

题目即为相关调查的主题,问卷调查的题目应与调查的目的相一致,题目用语应恰当,避免调查对象产生抵触情绪。

（2）指导语

指导语即为对调查问卷的相关事项进行的说明，其要让调查对象对调查的目的有所了解，在一定程度上引起调查对象对于调查的重视，争取调查对象能够积极配合。通常情况下，调查问卷的指导语包括以下几方面的内容。

其一，本次调查的意义和目的是什么。

其二，对调查对象所提出的基本要求。

其三，申明调查问卷的保密性原则。

其四，标明调查问卷收回的时间和方式。

其五，调查者的基本信息。

调查问卷的指导语应简洁、准确，语气应谦虚、诚恳。

（3）问卷的具体内容

问卷的具体内容主要包括以下几个方面。

其一，问题的内容。

其二，问题的次序。

其三，回答的方式及文字表述等。

2. 问卷回答方式及其设计

问卷回答的方式主要有两种，即为开放式回答和封闭式回答。所谓"开放式回答"就是不提供任何的答案，由被调查者进行回答；而"封闭式回答"则是由调查者给出相应的选项，由被调查者进行选择。两种回答方式的分析如下。

（1）开放式问卷

开放式调查问卷由被调查者自由填写，而不为其提供相应的答案。开放式问卷调查的问题如"你上体育课的最大收获是什么？""你上体育课的最大遗憾是什么？""你认为理想的体育课是什么样的？""你认为体育课应该做哪些方面的改进？"等等。

这一类型的调查问卷的优势主要表现为如下几方面。

其一，被调查者没有限制，可以自由进行表达，调查者可获得更加丰富、真实的材料。

其二,灵活性较大,对于探索性调查具有较好的效果。

开放式调查问卷也存在一些问题,其主要表现在如下几方面。

其一,这一类型的调查问卷需要调查对象具有一定的文化素质和文字书写能力。

其二,调查对象在进行回答时没有规定的标准和模式,从而使得整理和分析难度较大。

其三,由于调查问卷需要被调查者进行一定的思考和书写,调查对象可能会缺乏耐心,从而不愿填写,从而对调查问卷的回收产生不利的影响。

(2)封闭式问卷

封闭式问卷即为给出问题的多种答案,由调查对象进行选择。例如,封闭式问卷调查可将满意程度设置为很满意、满意、一般、不满意等,可以针对如下几方面问题进行调查:对课程内容满意程度;对老师运动技术水平的满意程度;对场地器材的满意程度;对老师的教学方法和态度的满意程度等等。

封闭式问卷具有如下几方面的优点。

其一,回答较为标准,易于对调查结果进行分析和总结。

其二,容易填写,从而使得其回收率较高。

其三,对于一些敏感的问题也可通过设置相应的答案使调查者选择。

封闭式调查问卷的主要缺点表现在如下几方面。

其一,问卷设计的难度较大,对于调查者的能力要求较高。

其二,有些问题的答案具有多元化特点,而设置了相应的答案使得被调查者的主动性不能发挥出来。

其三,有些调查对象可能会随意填写,从而影响调查结果的真实性。

在进行调查问卷设计时,可将开放式回答与封闭式回答结合在一起,使得两者的优势得到综合发挥。通过两者相结合,提升调查问卷的有效性和真实性。

3. 设计问卷的注意事项

应保证调查问卷的客观性和有效性,在此基础上才能够得出真实的调查结果。在进行调查问卷的设计时,问题的设计应注意以下几方面的问题。

(1)在进行调查问卷的内容设计时,所提出的问题应清晰、明确,以避免产生歧义。

(2)调查问卷中所提出的问题应与客观实际相符合,脱离实际也就失去了调查的意义。

(3)调查问卷中设计的问题应围绕调查目的来展开。

(4)所设计的问题应是调查对象能够回答出来的,并且愿意去回答的问题。

(5)应注意问题设计的策略,避免设计的问题具有诱导性。

(6)注意设计的问题应具有逻辑性。

(7)调查问卷不宜过长,以免被调查者产生反感情绪。尽可能使被调查者利用十几分钟左右的时间完成调查问卷。

(二)文献资料法

文献资料法通常是进行人文社会科学研究的重要方法,通过查阅相关的文献资料,并对其进行整理、分析和研究,最终得出相应的结论。在运用文献资料法进行研究时,通过分析过去和现在的各种文献资料,能够更好地把握其发展历史和发展趋势,能够在整体上对其进行正确的认识。文献资料法能够避免体育教学研究的盲目性,能够在前人研究的基础上展开进一步的研究,具有大量的文献资料进行参考。这一研究方法也具有一定的缺点,主要是易于落入前人研究的窠臼,而难以进行创新性研究。采用文献资料法进行研究时,应注意以下几方面。

1. 文献综述的撰写要求

文献综述是研究者通过对一类文献进行查阅、分析、研究以后所获得的劳动成果。通常情况下，可以将文献综述分为两种，一种是总结性综述，一种是创造性综述。在撰写文献综述时，要做到以下几个方面的要求。

（1）总结性综述的撰写要求

采用文献资料法进行研究时，应注重总结性综述的撰写。撰写总结性综述的具体要求如下。

其一，应将所查阅文献的相关要素按一定的结构体系进行系统总结，从而得出相应的结论。

其二，总结性综述应做到客观、系统。应从不同角度、不同层面对不同的资料和观点进行比较和分析，从而得出相应的结论。在对相关的资料进行对比分析时，应保证其准确性和科学性，这样才能够保证所得出的结论的准确性。在资料的比较和分析过程中，应避免以偏概全，而应该进行全面的分析。

其三，在撰写文献综述时，应对相应的观点进行准确的归类，并注重对其进行相应的层次划分。总之，各个观点和问题应具有较强的逻辑关系，能够将其系统地表述出来。

（2）创造性综述的撰写要求

撰写创造性综述要求研究者提出自己的观点和见解，具有创新性特点。其观点和想法的提出是建立在前人研究的基础上的。在进行综述的撰写时，也应在对前人的观点进行总结和分析、对比的基础上提出新的观点。撰写综述应侧重于"新"，根据前人数据和观点来提出自身的新观点。虽然是对前人资料、数据和观点进行的分析，但能够发现前人不曾发现的问题，使得前人的观点能够得到补充和完善。

2. 运用文献资料法的注意事项

为了保证研究的科学性和有效性，在采用文献资料法进行体育教学研究时，应注意以下几方面的问题。

（1）合理确定文献资料的搜集范围

文献资料众多，在采用这一方法进行研究时，应明确合适的范围,避免收集资料的盲目性,以提高研究的效率。确定相应的课题之后,应确定所要查找的资料的类别,再确定所要查找的具体文献资料,最后确定所要精读的文献资料。

（2）合理运用查阅方法

在确定文献资料的搜集范围之后,应合理运用查阅方法,避免盲目进行查阅。应有效利用目录、索引和文献摘要,科学、合理地查阅相应的文献。

（3）要正确选用检索方法

检索的方法一般有三种。

其一,依靠检索工具来查找相关的文献资料。

其二,根据著作和论文所提供的参考文献去进一步追溯检索。

其三,将以上两种检索方法结合起来使用。

（4）要对资料进行加工与整理

在查找和分析文献资料的过程中,还应做好对资料的加工和整理工作,对有价值的内容进行记录,并方便以后使用。

（三）教学观察法

教学观察法即为对教学过程中的教师和学生进行观察和分析,并收集相应资料的方法。

1. 教学观察法的分类

一般可将观察法分为三大类,即临场观察法、实验观察法和追踪观察法。

临场观察法即为让观察者置身体育教学的现场进行观察,这种方法适用于观察学生上课的情绪、教师教学方式是否合适、教学内容是否合理、教学相关的器材是否合格等。通过临场观察还能够了解教学和训练的负荷情况。

实验观察法就是通过实验来观察和测量在教学过程中某些指标的变化,由于学生在进行体育活动时,很多指标不能通过肉眼的观察来全部了解并判断,需要进行实验测量才能得出确切的结果。这种观察方法比较常见的适用范围是对学生参加体育活动前后心率的变化、血压的变化、血糖的变化等进行观察。

追踪观察法即为研究者用较长的时间跟踪考察某一事物的发展和变化过程，以获得对事物规律性认识的过程，这一方法具有时间跨度大、涉及内容多的显著特点。

2. 教学观察法的特点

教学观察法具有主观针对性、客观真实性、集体合作性等特点。具体如下。

（1）主观针对性

在进行体育教学方法的选择时，观察者针对相应的问题进行观察和分析，对于其他无关方面则会选择性忽视。

（2）客观真实性

教学观察法具有客观真实性特点，虽然有时观察者会进行临场观察，但是其会尽可能降低观察活动对教学的影响，观察对象在这一过程中不被打扰。

（3）集体合作性

在采用观察法时，应注重多人之间的配合，其具有集体合作性特点。仅靠一人之力，实施起来较为困难。

3. 教学观察计划的制订

在制订相应的观察计划时，应将观察的步骤、具体要求、任务等各个方面明确下来，制订合理的观察计划。具体而言，观察计划包括以下几方面。

（1）观察的目的与任务

在制订教学观察计划时，应明确观察计划的目的和任务，这是开展观察工作的基础。

（2）选择观察对象

观察对象体现着观察的目的和任务，其应具有代表性，数量应适宜。

（3）观测指标的标准与规格

制订观察计划时,应明确相应的标准与规格。观测的指标有定性指标和定量指标两大类。应对定性指标各方面进行明确的规定,建立相应的标准;应保证定量指标的精确性。

（4）观察的条件

在制订观察计划时,应明确观察的时间和空间条件,观察既要清楚,又要避免干扰观察对象。在观察时,应注意对观察的角度、距离和位置等的选择。

（5）观察的方式

随着一些现代化的技术设备被应用于体育教学中,在进行体育教学观察时,观察方式变得多样化,需要观察者确定通过哪种方式来进行观察。

（6）观察信息的记录方法

在进行观察时,还要及时记录观察中所获得的信息。可通过以下三种方法来记录。

其一,评定法。对观察对象进行登记评定,在预先制定好的表格上直接标记即可。

其二,记录频率法。将观察的项目确定好,观察时如果出现了相应的现象,则标记出来。

其三,连续记录法。运用多种手段将体育教学的过程全部记录下来,如利用录音笔、录像机等工具来记录,然后对其进行完整的观察和分析。

（7）确定观察指标

在制订观察计划时,应确定观察的各项指标,避免盲目观察。在选择观察指标时,应注意以下几方面的要求。

其一,观察指标要具有观察有效性。选择的指标应能够满足完成观察任务的需要。

其二,观察指标要具有客观公正性。相应的指标应能够反映客观事实,避免受观察者主观因素的制约。

其三,观察指标要具有典型代表性。所选择的指标应具有代表性,能够反映观察对象的一般特征。

4. 运用教学观察法的注意事项

运用教学观察法开展相应的体育教学研究时,为了保证体育教学研究的效果,应注意以下几方面。

(1)应选择好的观察位置,注重对具有研究意义的现象的捕捉。

(2)应按照观察计划来进行观察,避免脱离观察的目的。在观察过程中,应根据实际情况来对观察计划进行调整。

(3)在观察之后,应注意相关资料的整理、分析和研究。

(四)测量法

测量法是一种重要的定量研究方法,通过借助相应的工具进行测量,从而获得相应的数据,以进一步开展研究。

1. 测量法的类型

在采用这一方法进行体育教学研究时,一般测量的类型有两种,其一为具体的物理量的测量,如身高、体重、速度等方面;其二则是非物理量的测量,包括技能、知识和心理能力等。具体的测量内容包括如下几种。

(1)身体形态的测量,包括身体成分、体型、体格等方面。

(2)生理机能的测量,包括肺活量、最大吸氧量、脉搏、血压等。

(3)运动素质的测量,包括五大运动素质的具体情况测量。

(4)基本活动能力的测量,包括人体的跑、跳、投、攀爬等能力的测量。

(5)运动水平的测量,包括运动技战术水平、体能水平和心理素质水平等方面的测量。

(6)运动状态的测量,包括运动状态、运动负荷等。

(7)社会测量,包括人际交往状态,人际关系状况等。

（8）心理测量，包括智力水平、性格特征、兴趣爱好、意志品质等方面的测量。

2. 测量法的信度与效度

为了保证测量的可靠性和正确性，应注重测量的信度和效度这两大基本要素。

（1）信度

所谓"信度"，即为测量的可靠性，其反映了测量的真实程度。因此，信度指的是测量的准确性和一致性。测量具有较高的信度，也就意味着能够准确反映对象的属性特征，很少会受到随机因素的干扰。在进行测量时，几次测量的相关数据越近似，信度越大。在进行信度测量时，可采用重测法、内部一致性法和半分法等。

其一，重测法即为采用同一测量法来对测试对象再次进行测量，将其与上次测量的结果进行比较，测定其信度的大小。

其二，内部一致性法是较为流行并且效果较好的测量信度的方法。其将测量的项目构成一定的内部结构，通过内部结构的一致程度来对信度进行评定。

其三，半分法即为将测试的试题分为奇数题和偶数题，计算其得分。

（2）效度

效度即测量的有效性，即所测量的数据是否能够反映测量对象的属性和特征。例如，在进行技能水平测量时，所测量的内容不应是知识掌握情况，否则测量就是没有效度的。效度较高，则说明测量的数据与测量任务和要求的一致性较高。

测量的效度包括内容效度、结构效度和同时效度三方面。

其一，内容效度即为测试的内容在多大程度上反映了所要测定的特征范畴。

其二，结构效度即为测量项目的安排能否满足研究的构思。

其三，同时效度即为将确定有效的测量作为依据，对测试所得的数据进行相关分析,看其是否与有效的测量标准高度相关。

3. 运用测量法的要求

(1)数量化

在进行数据的测量时,应注重对各项属性的具体数量化,使得各项内容能够可测量、可比较。

(2)保证效度和信度

在进行测量时,应保证测量的效度和信度,努力排除影响信度和效度的不利因素,确保测量的准确性和科学性。

(3)采用科学的数据处理方法

在进行测量时,设计多种数据,各项数据应保证其单位的一致性,以便于进行对比分析。在进行数据分析时,应对所得数据进行统计学处理,挖掘其深层意义。

第二章 篮球运动概述

篮球运动是一项普及性极高的球类运动项目。时至今日,无论是在竞技体育领域还是在大众健身领域中,篮球都是人们喜欢的项目。为此,对篮球运动的相关理论进行研究有助于人们更加深入地了解这项运动,并且可以为其他与之相关的研究奠定基础。

第一节 篮球运动的起源与发展

篮球运动是由美国马萨诸塞州斯普林菲尔德市基督教青年会训练学校的体育教师詹姆斯·奈史密斯博士于 1891 年发明的。1891 年,美国东部地区的冬天来得较早一些,这使得学校室外体育教学活动的开展受到了阻碍。为了使学生不受寒冷天气的限制,能够在室内开展有益的运动,奈史密斯从小孩向装桃子的竹筐里扔桃子的游戏中得到启发,设计出将竹篮钉在墙上,向竹筐里投球的游戏方法,这就是篮球运动的起源。自从篮球运动问世以来,其以飞快的速度传播和发展,很快传遍世界各地。

1895 年,篮球由美国国际基督教青年协会派来中国天津基督教青年会就职的第一任总干事戴维·威拉德·莱昂(David Willard Lyon)介绍传入中国。

鉴于篮球运动的诸多特点和受欢迎度较高,1904 年,第 3 届奥运会将篮球运动列为表演项目。1932 年,葡萄牙、希腊、意大利等 8 个国家在日内瓦成立了国际业余篮球联合会。1936 年,第 11 届奥运会将男子篮球列为奥运会正式比赛项目。1950 年,国际业余篮球联合会创办了每四年一届的世界男篮锦标赛。1953

年,国际业余篮球联合会又创办了同样为每四年举办一届的世界女篮锦标赛。1976年,第21届奥运会将女子篮球列为奥运会正式比赛项目。1989年,国际业余篮球联合会更名为国际篮球联合会。目前,国际篮球联合会拥有213个会员,篮球运动成为了世界上最受人喜爱的运动项目之一。

篮球运动的发展也在竞赛规则上体现出来,规则的完善和改变都是为了比赛更加公平,更具竞争性。在翻阅了多种文献后证实,在1891年开展的篮球游戏中所使用的场地大小并不相同、参与的人数也没有限定,只是双方约定好相同的人数即可,竞赛以球进筐多者为胜。20世纪20年代末,为限制粗暴抢球的动作,制定了几条原则性的规则,如禁止推、踢、撞、打等粗暴动作;不准拿球跑;不准双手拍球;限定每队出场人数为五人等。如此进行的比赛也几乎没有战术可言,更多是一个人上演的攻守形式。

20世纪30年代至20世纪40年代,国际业余篮球联合会初步制定了数量更多、更被广泛认可的竞赛规则,如故意犯规罚则和违例罚则等。1936年第11届奥运会后,篮球运动正式登上了国际舞台。到了20世纪40年代末,进攻中的快攻、掩护、策应战术和防守中的盯人防守、区域联防等战术阵形配合已被各国篮球队所采用。20世纪50年代至20世纪70年代,篮球运动在世界各地广泛普及。规则与技战术之间是一种相互制约和相互促进的关系,两者共同驱动着篮球运动的发展。20世纪80年代之后,篮球越发成为了巨人间的空间争夺运动,同时也形成了高度与力量结合的欧洲型打法和小、快、灵、准结合的亚洲型打法。

20世纪90年代以来,许多以篮球为主题的技巧表演应运而生,为篮球运动的多元化发展增添了一抹亮色。而竞技篮球运动在这一时期进一步蓬勃发展,战术打法更加多样,甚至成为了一种艺术被观众欣赏,运动员的素质与掌握和运用篮球技术、战术的能力发生了质的变化,篮球运动的规则也具有系统、简明和公平的特点,向着"高""快""全""准""变"的方向发展。

第二节　篮球运动的特点及功能

一、篮球运动的特点

(一)多元性

通过现代体育科学的研究可以发现,篮球运动不仅具有体育运动的特性,其还涉及众多与之相关的学科,由此使得篮球运动成为了一门具有较强交叉性的学科课程,并且其在运动方面的知识也开始向多元化方向发展。因此,仅仅要求球员具备技战术能力还远远不够,此外还应培养运动员的个性气质、心理品质,让他们了解自身身体形态条件,培养运动意识以及团队精神等,这体现了篮球运动的多元性。

(二)教育性

篮球运动中包含的许多元素可以对参与者产生重要的教育影响,而且对促进社会交往、活跃社会生活、提高人的社会素质以及增强民族与国家的自信与自尊均有着极为独特的社会价值。另外,篮球运动的集体性特点需要队伍中的每一位成员都要贡献自己的力量以及需要为他人做"嫁衣",以此来获得团队的胜利,而这需要以球员健康、积极的道德情感作为基础,并且还将共同的荣誉感与责任感作为自己的精神支柱。因此,当人们参与篮球运动这种团体项目时,能够形成良好的道德情感,培养他们的集体主义精神,进而形成正确的道德价值观,如此就展现出了非常显著的教育性,而这也正是这项运动成为现代学校体育教学中的重点内容的原因。

(三)集体性

篮球是一项由五名球员共同完成的团队运动项目,只有通过队员之间集体协同配合,才能够出色地完成战术行动。因此,球队必须要重视全队行动的协调一致性,这在日常训练中也是训练的重点内容。篮球运动的集体性并非不注重个人的作用,毕竟团队的胜利还是要靠每个人的行动才能实现。总而言之,只有集合全队的技能与智慧、发挥团队精神,才能够获得理想的成绩,而这也是篮球运动集体性的表现。

（四）对抗性

篮球运动属于同场对抗性运动,运动员为了争夺球权和达到攻防目标,经常出现身体的直接对抗,篮球的基本特征与规律就是攻守的强对抗。而这种对抗表现在诸多方面,比如,无球队员之间的对抗、争夺篮板球之间的对抗,甚至还有球员心理上和意志品质等方面的对抗。通过对抗能够培养人的竞争能力,而这也是现代素质教育的一个重要组成部分。

（五）变化性

篮球运动中充满了进攻与防守的转换,其转换的过程也非常快,因此使得比赛总是充满着一种变化。这样的特点使得篮球比赛观赏性极强,它使观众始终将注意力集中在比赛之中,让他们处于专注、紧张的状态。另外,由于赛场情况变化多端,这就需要通过不断改变战术来应对新的局面,教练员和运动员都要适应这种变化。上述这些特点充分地体现了篮球运动的变化性。

（六）综合性

篮球运动中包含的技战术数量众多、形式多样,其在比赛中的应用形式都是根据需要随时组合的,加之比赛情况复杂不定,导致技术组合具有不确定性、随机性与多样性的特征。除此之外,篮球运动是一门交叉的边缘性学科,涉及的学科包括教育学、运动学、运动医学、运动生理学、运动心理学、社会学、管理学等,这对教练员的科学化训练能力以及运动员的日常学习能力都提出了较高的要求。由此可见,篮球运动无疑是一项具有综合性的项目。

（七）职业性

目前在世界范围内,凡是具备较大影响力的运动项目几乎都朝着职业化的趋势发展,这已经成为一项运动向更高层次发展的必然阶段。篮球运动作为世界上普及性最高、影响力最大的运动项目之一,其在职业化的道路上也走得较远。现代职业篮球俱乐部成立之后,在竞赛规则不断完善、竞技水平持续提高的同时,对职业篮球运动员的技战术水平、体能与智能的提高具有极大的催化作用。20世纪80年代到20世纪末,欧美、亚洲的许多国家和地区都组建了职业篮球俱乐部并开展相应的联赛。时至今日,全球职业化篮球已发展为一项新的产业,而这也成了篮球运动的特点。

（八）商业性

篮球商业化程度的不断加深与篮球职业化的发展趋势密不可分。职业化发展使得许多国家开展了职业联赛,职业联赛的发展让篮球运动更加系统化和大众化,如此进一步扩大了篮球的影响力,获得了更多的观众,而这自然就带来了无限商机,使篮球运动走向商业化的发展轨道。在高度商业化的篮球运动中,不仅与篮球有关的运动器材、服饰、赛事观赏、运动服务等成为了商品,就连运动员、教练员甚至篮球俱乐部也成了商品,通过专业管理人员的组织、协调与经营,篮球俱乐部产生亏损或盈利并有权与其他经济体进行合作开发,挖掘篮球运动中的经济价值。种种这些都已经证明了篮球运动的商业性特点,这一特点在未来的篮球运动发展中会更加显著。

二、篮球运动的功能

（一）健身功能

1. 可提高人体的生理机能

首先,由于篮球运动要求球员练习力量的抗衡、突然与连续起跳、敏捷的反应与快速奔跑,因而,能够使机体各部分的肌肉结实且发展匀称;其次,篮球运动作为一种高强度的对抗性运动,能够促进人体的新陈代谢,提高机体的代谢率,从而使各器官(血管、心脏等)的功能增强,并从根本上使人的体质以及抵抗力增强;最后,由于篮球比赛中所发生的情况具有极大的不确定性,因此,需要球员掌握各种协调的技术动作,与此同时,还需要他们具备随机应变的能力,所以经常参加篮球运动,能够增强各感觉器官尤其是视觉感受器官的功能,另外,对促进动作精细化、提高注意力分配与集中的能力也很有帮助。

2. 可提高身体素质

因为篮球运动所具有的特点,球员必须具备良好的动作速度、耐力、反应速度与柔韧等素质。另外,因为篮球运动是在快速奔跑中进行的,所以球员在跳跃、转身跨步、起动等动作中锻炼了各部位的韧带与肌肉,而这对提高柔韧度有利。

(二)健心功能

长期参加篮球运动的人,其个性与心理都会朝着更为健康、积极的方向发展。

1. 可锻炼顽强的意志

水平接近、争夺激烈是现代篮球强队比赛的特点。由于双方球员均处于直接对抗的状况下,因此,他们除了要具备优良的身体素质与技战术素质之外,还应具备坚强的意志品质。想要获得比赛胜利,球员必须在对抗当中克服各种困难,而克服困难的过程就是锻炼其意志品质的过程。有时,顽强的意志品质对比赛的最终胜利具有决定性作用。

2. 可获得良好的情绪体验

现代篮球运动具有观赏性与趣味性。通过篮球运动的锻炼,首先,能够调节情绪、振奋精神、增进快乐,从而使人变得更加自信、自尊、自强,而且还对神经衰弱等精神疾病有一定的治疗作用;其次,能够使队友之间的感情变得更加亲密,交流变得更加频繁,这对一些不愿与人交往、郁郁寡欢或者情绪易产生波动的人来讲,不仅能够改善他们的人际关系,还能够使他们了解、认识到自己的价值;最后,还能够使球员在比赛胜利之后体会到成就感,并使他们产生振奋、愉悦的幸福感。

3. 有助于塑造健全人格

篮球运动,从微观上讲,是群体中个体之间的技巧与身体冲击的直接对抗;从宏观上讲,则是群体的竞争。如果想要取得篮球比赛的胜利,就需要球员个性鲜明、敢于冒险和创新,并善于抓住时机与做出正确的判断,由此可知,篮球比赛是促进人个性自由发展的有效途径。另外,篮球运动还能够培养球员相互支持与团结一致的意识。

(三)社会功能

1. 影响社会规范

所有参加篮球比赛的人,都必须要在比赛规则的制约下活动,而贯穿比赛的体育道德精神对人的行为规范具有启蒙教育作用,进而使人们形成文明、健康的社会行为习惯。

人性中存在着攻击性,而篮球运动能够使人的这种本性得到释放,与此同时,还能够使人们在体育规则与道德精神的约束下以及公平、合理的条件中进行攻防对抗,并且让人们依靠智慧与技巧取胜,而不是通过不礼貌、不道德、粗野的动作来获得胜利。从深层次的意义讲,篮球运动还具有文化约束力,如礼仪、道德、伦理、法律以及信仰。

2. 可提高情商

篮球运动的统一性、对抗性与集体性规律显著,因此,在比赛过程当中,球员必须具备决断力,并能够做出有效的组合动作。在组合动作的实际应用中,由于比赛情况的不确定性,导致整个组合动作中会有很多不确定的成分,因此,球员必须具备随机应变的能力,而且能够创造出巧妙的动作以及配合。由此可知,篮球运动能够培养球员的良好心理承受能力、广泛的社交能力、充沛的精力与体力等,从而使其以较高的情商来面对生活、学习中的困难。

3. 可增进国际交往和友谊

篮球运动在全世界范围内都比较受欢迎,其已经成为各国之间相互交流的重要工具,并且还成了各国、各团体之间建立友谊、理解、信任与团结的方式。不同语言、肤色、国家的人们可以通过篮球这一世界通用的"语言"来进行交流,从而使人们的交往变得更加密切。

第三节　篮球运动的发展趋势

一、越发注重智高谋深的头脑

篮球运动的发展呈现出多种方向性趋势,无论其趋向是什么,都注定需要有聪慧的头脑来完成运动,这使得篮球运动无可置疑地成为了一项智慧型运动项目。为此,参与其中的人员只有不断努力学习运动理论知识以及从实践中总结经验,才能达到篮球运动对参与者智力的要求。而"智"的基础则是综合的文化科技知识储存的数量与质量。

现如今,包括篮球运动在内的很多运动都早已脱离了单纯的身体运动,而需要加入更多的心理层面和智力层面的对抗。相比于身体上的这种硬件对抗,心理和智力等软件层面上的对抗越来越主宰比赛。以篮球战术的制定为例,战术越复杂,越需要运动员有足够的智力来理解并执行到位。而在关键球的争夺中,也只有心理素质更加稳定的一方才能处乱不惊,依旧坚决和高质量执行战术。

为了应对篮球运动对参与者智高谋深的头脑要求的发展趋势,在选拔和培养运动员伊始就要注重对他们的文化教育,使他们深刻懂得用科学文化知识去掌握篮球运动的本质规律,如此才能在篮球场上驾驭篮球,从而取得更好的成绩。美国篮球的发展就很好地揭示了这一切,如美国职业篮球联赛中的球员都是从美国高校的学生中选拔出来的,他们首先是高智商的人才,其次才是出色的篮球运动员,由此足以见得优秀的球员往往拥有聪慧的头脑。

二、对运动员身体素质的要求越发提高

"篮球是巨人的运动"这句俗语足以说明身体形态和素质对于这项运动的作用。21 世纪的篮球运动特征决定了这项运动将继续是在巨人群体中展开的比拼,它除了要求身高、体重、力量等外形和素质之外,还要求运动员兼具灵活性和技巧性。

篮球运动给人的总体感觉就是"高"。在新时代下,这个"高"已被时代赋予了新的含义。

首先,"高"指身高,但从实用性的角度上来说,单纯的高大也会物极必反。过高的身高会影响运动员的灵活性和体能。并且即便是高,全队中也不能每个人都是 210 厘米以上的大高个儿,这不符合运动员场上的职责分工。

其次,"高"指争夺的空间高。在现代篮球中,对于制空权的争夺是非常激烈的,这是一支球队能否掌握场上主动权的标志之一。对于制空权的争夺并非是绝对的球员身高越高越好,这个争夺还有很多技巧可言。如果一名身高 210 厘米以上的球员的体重很轻,那么,即便是和比自己矮 10 厘米的"壮汉"争夺,也未必能获得优势。

三、对抗越发激烈

现代篮球比赛中的激烈争夺使得其对运动员的身体素质要求越来越高,只有过硬的身体素质才能禁得住越发激烈的比拼。首先,对于空间的争夺需要依靠身体卡位、掩护和弹跳结合;其次,对于时间的争夺需要依靠各种移动速度和动作速率来支撑。激烈既是篮球运动的特点,也是篮球的魅力所在,更是篮球运动现代化的最显著特征。这种激烈的比赛风格开始于 20 世纪 80 年代,这种风格不仅延续了下来,并且进一步升级。在今天队员的身体素质是否能禁得住激烈的比赛成为了一个衡量一支篮球队是否优秀的标准。

四、攻防转换越发要求积极、快速

为了增强篮球比赛的观赏性,从理念的倡导和规则的修改上都做出了诸多努力。特别是在规则中加入了对进攻时间的限制,在几经缩短进攻时间后,最终确定为今天的 24 秒,其中还附带进攻方 8 秒内必须通过本方半场的规定。这一规则的变化真正把篮球运动带入了"快"的时代,这要求比赛双方都要在"快"中掌握节奏,掀起了全面快速的浪潮。篮球比赛节奏的加快最先受益的就是观众和赛事转播方,而在竞技层面,为了能够在有限的时间内得到更多的分数,就需要在快速进攻上做文章。现如今已经出现了 5 秒、15 秒、20 秒的进攻概念,也出现了相应的跑攻战术。这正是因为篮球竞赛规则中限制了进攻的时间,尤其是对于落后的一方,快速的反击和抢攻以争取更多的进攻时间已经成为一种常规性的战术意识。

五、技战术打法越发机敏、多变

篮球运动发展到今天,其技战术打法已经极为丰富,即便如此,更多的打法仍旧不断被创造出来。在比赛中,运动员所做出的技战术动作都要在对抗的条件下完成,有时还需要根据形势随时对技战术进行调整。因此,按既定套路进行攻防的方式早已不符合现代篮球的发展需求了,取而代之的则是由两三人展开的局部机动进攻战术和以个人为主的集约型、混合型防守战术。此时的战术运用不再限于依照传统思维一板一眼地执行,而是更加注重战术组织的速度和实效。

机敏、多变即要求战术阵形丰富、多样,战术的选择和组织都强调要和本队的实际情况、篮球运动的本质规律以及篮球运动的发展趋势相符。所谓的"技战术打法多变",这个"变"字最终还是力求在最短的时间内变化,只有这样,技战术的最强作用才能充分发挥出来。

六、对于全面、精准的要求越发严格

随着世界篮球运动身体对抗强度的进一步增加,单纯依赖个人或团队都难以适应这种变化。为此,各国普遍开始重视运动员个体与队伍的整体素质、素养和技能能力综合化、多样化的全面提高。要想做到全面发展,就需要运动员首先拥有较为全面的素质,然后在此基础上练就特长技术。

未来篮球运动的发展会重点突出一个"准"字。这里所谓的"准"所包含的内容较多,如判断准、传得准、时机准、投篮准。"准",始终会是篮球运动不变的核心,投得准更是重中之重,只有投出的球准确入筐,才能保证比赛的胜利。篮球比赛的高比分,除了攻防转换速度加快、进攻回合数增加以外,最大的特点是球员能够在不同位置采用不同方式准确投篮。如果一支球队中有外线出色的投手以及内线单打技术出色的中锋,那么其在各个战术环节中都会占有一定优势。

七、越发强调主教练运筹帷幄的作用

帅才一直是各行各业对人才资源的争夺重点,这点在体育界也是如此。对于一支篮球队来说,主教练自然是灵魂,只有杰出的主教练才能带领球队获得出色的成绩。因此,组军先择帅,练兵先育帅,有强帅才能无弱兵。现代篮球运动的球队建设首先就是选择能够把握篮球运动发展规律、有独特执教理念和独到训练管理方法的主教练。

实际上,篮球比赛就是一个没有硝烟的战场,竞赛就是一场战争。比赛的胜败也是球队综合实力的反映,除能反映球员个体的技能能力、体能条件、智能结构与水平外,还能反映教练员的睿智、谋略和胆识。然而教练虽多,但能称得上是优秀教练员的人才就屈指可数了,尤其是集聪慧、好学、善思、正直、敬业、自强、无畏、个性、魅力和修养于一身的教练员,这样的教练员是一国一地篮球运动兴旺发达和一场关键性比赛取得胜利的基本保障。强将手下无弱兵,这已是一种共识。总之,只有将以上十个方面结合起来培养教练员人才,才能提高球队的作战能力。

第三章　学校篮球运动的发展状况

篮球运动的诸多特点和功能使其自然成为学校体育中不可或缺的教学内容，而这也是篮球这项运动教育功能的重要体现。我国学校体育中出现篮球项目已经有较长一段时期了，并且在日后还会延续下去。为此，本章就重点对学校篮球运动的发展状况进行分析。

第一节　学校篮球课程设置情况分析——以山西省普通高校篮球选修课为例

一、研究目的与方法

篮球运动是我国群众参与人数最多、开展最为普及的运动项目之一，深受大学生的喜爱。但不可否认的是，传统的教学方式手段单一，教学过程枯燥乏味，学生上课兴趣不高；本书就山西省高校篮球选修课中学生对该课程所持有的态度、篮球选项课的教学内容与方法、学生的课余篮球活动、篮球选修课自身特点、篮球选修课硬件条件、师生因素等方面对篮球选修课现状进行分析并提出相应建议。

本书的研究对象为山西省普通高校篮球选修课的 100 名学生，其中男生 72 人、女生 28 人。研究方法包括文献资料法和问卷调查法。其中问卷调查对参加篮球选修课的学生进行随机抽样，发放问卷 120 份，回收 108 份，有效问卷 100 份，有效回收率为 84%。

二、研究结果及分析

（1）对每周课后参与篮球活动的次数的调查（表3-1）。与其他的体育项目相比，学生对于篮球课余活动最感兴趣，这也与本次的调查结果相符合。结果表明，每周参加篮球运动三次以上的学生达65人，一两次的有25人，但也有个别学生从不进行课余篮球活动。通过调查发现，这些学生大多数是女生，而且造成她们不参加篮球运动的一个共同原因是她们篮球基础比较差，对参加篮球运动没有自信心。

表3-1 参加选修课的学生每周参与篮球运动次数的调查统计

次数	7次	6次	5次	4次	3次	2次	1次	0次
人数	2人	5人	10人	15人	33人	8人	7人	10人
百分比	2%	5%	10%	15%	33%	8%	7%	10%

（2）对篮球课班级人数看法的调查。根据调查统计，认为选修篮球的班级人数应在20～30人的为57人，占57%；认为班级人数应在30～40人的为30人，占30%；认为班级人数应在40以上的为13人，占13%。就目前山西省各高校篮球选修课班级的人数来看，一般是在55人左右，这自然会使得场地和器材十分有限。班级人数较多，会使学生在学习过程中感觉上课时间短暂，而授课教师只有一人，只能集中教学，因而对教学质量会有很大的影响。

（3）对每周课时次数的调查。目前，山西省大部分高校体育课为每周一节、每节两个课时，相比而言，其课时数相对较少。经调查得知，希望每周一节课的学生有18人，占18%；希望每周两节的同学有50人，占了一半的比例；希望每周三节的学生有32人，占32%。由此可见，学生们都非常希望能够提升自身的篮球知识、技术。

（4）对学生选择篮球选修课的动机的调查。调查结果显示，大部分学生选修篮球课的动机以个人兴趣爱好和发展技术为主，其次是人际交往、获得学分,14 名学生出于从众心理和其他因素的影响选修篮球,对选修篮球课的动机不清楚或不明确的学生占被调查人数的 5%。这一结果说明学生对自身学习动机有较清醒的认识,有学习篮球的欲望,对篮球有较浓厚的兴趣(图 3-1)。

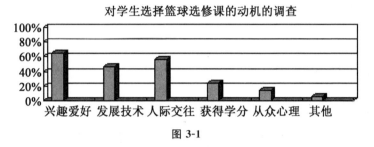

对学生选择篮球选修课的动机的调查

图 3-1

(5)对篮球选修课的态度的调查。根据调查,对课程持认真和非常认真态度的学生占被调查人数的 40%,这与表中对选修篮球课的动机人数相比有较大差距,而调查中持一般学习态度的学生占总人数的 57%,这一结果说明学生对篮球选修课的学习态度一般,这样的学习态度会在一定程度上影响篮球课的教学效果。

(6)对篮球教学课教学内容和方法的评价的调查。在调查学生对篮球选修课教学内容的评价中,绝大多数学生认为教学内容单调乏味,占总人数的 75%。认为教学方法陈旧的占 42%,认为自学自练效果较好的占 37%,而认为教学方法创新、有吸引力的仅占 21%,这一结果说明学生对篮球选修课教学方法内容的评价结果并不理想,这也就表明篮球选修课的开展有待进一步改进和提高。

(7)对场馆设施的调查。山西省高校篮球场地绝大多数为塑胶篮球场,从质量来说已经能满足学生的运动需要,但是上课的学生却多达五六十人,人均场地面积根本不能满足学生的运动需要。有 17% 的学生认为场地够用,54% 的学生认为场地较为拥挤、教学区域与课余练习场地划分不够明确。

(8)对考评方式的评价的调查。目前篮球选修课的考试内容主要有三项:投篮、运球绕桩以及行进间三步上篮。调查结果发现,学生对于篮球选修课考评认为合理的仅占 30%;无所谓的有

7人,还有认为不合理的人数比例为59%。因为在传统的篮球教学考评方式中技术评定仍然是考试成绩的主要部分,形式过于单一,存在一些不合理之处,定量指标过多,从而忽视了对学习过程和学习效果的评价。另外,竞技色彩较少,并不能使许多优秀学生得到良好的锻炼和发挥的平台,出现了很多"高分低能""分数贬值"的现象。

三、研究结论

(1)相对于男同学对于篮球这种同场竞技类项目的喜爱,由于生理、心理等各种因素的影响,参加篮球运动的女生数量明显少于男生。

(2)目前,篮球选修课场地和器材不足、课时相对少、学生上课人数多等客观因素大大影响了学生对篮球课的学习效果。

(3)大多数选择篮球选修课的学生对篮球运动抱有浓厚的兴趣,能够积极、主动地去学习篮球知识,参与篮球训练,提高篮球技能。

(4)虽然大多数学生喜欢篮球,但是对篮球选修课的学习态度却一般,篮球选修课已成为学生获得学分的一种途径,不良的学习动机在一定程度上影响了学生对篮球选修课的学习效果,也影响了篮球教学的进一步开展。

(5)篮球选修课的教学内容单调、乏味,专业性较强,缺乏游戏性和健身实效性,不能满足大多数同学放松健身的需要,在一定程度上影响了学生学习篮球的积极性。教学方式陈旧、单一,由于现实条件的影响,大多数老师采用集中授课制教学,因为班级人数较多,教师采用这种方式进行教学,关注了大多数学生的学习,但却忽视了一些水平或低、或高的学生的不同层次的需要。

(6)篮球选修课对于技术教学较重视,对于理论知识的传授与篮球规则的讲解相对较少,现有的传统考查方式使得学生的考试成绩与实际水平存在较大差距,考核项目的偶然性难以控制。

四、相应建议

（1）教师应注重理论知识的传授，提高学生对课外体育活动作用的认识，丰富锻炼方法，培养学生终身体育活动的习惯。

（2）加大对场地和器材的投资力度，结合学校自身状况去改善场地和器材状况，科学、合理地利用现有的场地设施。另外，要加强管理，做好现有场地和器材的维护工作。

（3）篮球选修课和教师之间应加强学习与交流，在把握当代大学生身心发展规律和学生素质的基础上，针对师生关注较多的问题进行专门的指导，循序渐进地开展教学，从而不断提高大学生对篮球的兴趣，提高其篮球意识与技战术水平。

（4）改革教学内容，改进教学方法，提高学生学习兴趣。随着时代的进步和高校课程改革的不断深入，大学教育应加强课程创新理念，把现代科学技术运用在体育教学中，转变传统、被动式和体育教学模式以激发学生的求知欲、提高学生的自主练习能力、促进身心素质的协调发展、活跃课堂气氛，从而激发学生对篮球选修课的喜爱。

（5）加强师资队伍建设和教师专项能力的培养。加强高校师资队伍建设是提高篮球选修课教学质量的关键，应通过组织各种形式的培训，以提高现有授课教师专业知识和技术技能，提高整体教学质量。

第二节　学校篮球运动教学发展现状

学校篮球运动教学的发展情况如何要以其现状作为依据，对这方面内容的了解有助于理清相关发展情况、探寻问题、制定对策，从而为学校篮球运动在今后的发展找寻理论依据。

一、学生选修篮球课程状况的调查与分析

(一)普通高校部分项目开设情况的调查与分析

在学校体育运动教学和活动中,篮球运动拥有最高的参与率,可谓基础牢靠。调查发现,篮球、足球、排球、羽毛球、乒乓球等球类项目在学校中深受学生的欢迎,篮球项目的开课比例则位于首位,再加上其便于组织和开展的特点,就使得其无论在课程安排上还是在被学生选择的数量上都占有绝对的优势。

通过调查可知,学生对运动项目的兴趣普遍有一定的偏好,其中以球类项目最为喜爱,此外还有健美操、武术具有很大的潜力,现实中也有很多学生选择这类项目参加。与之相比,一些学校体育的传统项目则大有萎缩之势,首当其冲的就是田径运动。实际上,像田径这种传统项目在学校中的开展有其天然的优势,如参与便捷、基础设施较好、师资力量充足等。而新兴项目的优势在于更能符合当前运动参与方面的流行趋势,这完全把握了学生内心对运动参与的实际需求。现如今在体育教学改革的要求下,多样的选项课教学成为改革的主要方式,成效显著,深受学生的喜爱。之所以如此,主要在于这种可供学生个人选择参与的体育教学内容与他们的个性化发展追求十分贴切,同时也使学校体育的教育更加人性化和多元化。特别是在高校中,必修课和选修课都是体育教学中不可或缺的课程模式,都对学校体育发展有着突出贡献。为此,就要努力做到以下几点:第一是积极扩大传统项目的优势;第二是主动革新和调整教学观念;第三是努力吸引学生的关注,将他们吸引到包括篮球运动在内的运动场上。

(二)男、女大学生选择篮球运动情况的调查与分析

通过调查可知,对于篮球运动的选择来说,不同性别的学生有不同的倾向。对学校篮球运动的选择,男生比女生多出很多。在篮球运动各项特征的影响下,其逐渐发展成现代学生会首先选修的运动项目。坚持参与篮球运动,不但能使参与者实现各项素

质的均衡发展,而且还能让神经中枢功能、感觉器官功能、内脏器官功能得到有效改善,另外有利于参与者形成较好心理素质以及优良作风。

男生更倾向于选择篮球运动的原因在于男性本身就对竞争激烈和富有趣味性和变化性的运动项目更感兴趣,反观女生则对相对平缓和更有韵律性的运动更感兴趣,这主要都是由学生性别的身心特征决定的。为此,对于篮球运动指导教师来说,要了解到男女生的不同特点,并要在指导过程中对其有所区分,并且注重让学生掌握正确欣赏篮球运动的方法,进而增加学生参与篮球比赛的兴趣和自信心。

(三)大学生参加篮球运动的原因调查

调查表明,选择篮球运动选修课的因素为"喜欢篮球运动"的占 81.5%。这个统计数据直观地说明了大多数学生对篮球运动是绝对热爱的。而对于选择篮球选修课的原因是没有选择上心仪的课程后退而求其次的学生,也说明了篮球运动在他们心里的地位也是排在前列的。而对于那些有从众心理的学生,则还需要体育教师予以正确引导,以找寻到这类学生真正的运动喜好。

表3-2　大学生参加篮球课教学的原因和对篮球课的认识的调查分析表

类别	问题	选择百分率(%)
参加篮球课教学的原因	1. 喜欢篮球运动	81.5
	2. 其他课程没有选上	5.7
	3. 以前有基础,考试容易通过	5.3
	4. 看到别人选,自己也选	4.6
	5. 其他	2.9
对篮球课的认识	1. 学技术	36.1
	2. 打比赛	16.4
	3. 锻炼身体	27.6
	4. 放松身心,缓解学习压力	6.9
	5. 结交朋友	9.2
	6. 其他	3.8

通过对学生选择篮球课的动机的研究后可知,学生选择参与篮球运动的最主要目的为强身健体和掌握篮球运动技术的,其相应占比为 27.6% 和 36.1%。现如今我国学校体育教学改革已经逐步展开,对于学校篮球运动来说应更多发挥其多元化的功能,不能仍旧仅仅满足于对技能的学习,而应该演变成促使学生实现全面发展、提高社会适应能力、保证心理处于健康状态、锻炼意识品质的重要途径。另外,还有一些学生之所以选择篮球选项课的原因只是为了完成选项课任务,由此可见,仍旧有一些学生对于篮球运动的参与流于形式,更谈不上由此作为终身体育的手段了,为此教师应更加注重对学生终身体育意识的培养,以及做好相应的引导工作。

二、高校体育课程设置及篮球教学模式状况的调查与分析

(一)高校课程设置状况的调查与分析

在《全国普通高等学校体育教育指导纲要》(以下简称《纲要》)中有关于高校学生体育课程参与的规定。《纲要》规定普通高等学校必须在一、二年级的共四个学期中开设必修体育课程,总计 144 学时,学生只有拿到体育课程的规定学分才能获得相应学位。另外,对于高校三年级及以上学生和研究生来说,要开设体育课程选修课。在高校体育课程改革不断推进的情况下,上述规定得到了普遍落实,有些注重学生体育发展的高校更是在一、二、三年级时就开设了体育必修课程和选修课程,如此让学生有了更多参与体育的机会。

在世界范围内,大学中出现固定的体育课程还要追溯到 1860 年。在历经了 100 多年的发展后,体育必修课受到的重视程度一度降低。造成这种局面的情况是多样的,其一是由于世界范围内将体育课程设定为必修课的高校本就不多,再加上 20 世纪 80 年代末和 90 年代初前苏联的解体与东欧剧变,这些国家的高校体

育必修课被取消。而后日本和韩国也先后取消了高校体育必修课。但对于我国来说,始终坚定认为体育必修课对于学生接受足够的体育教育具有重要意义,因此几乎不可能考虑取消大学体育必修课。不过,不取消不代表我国的体育必修课的开展状况良好,其科学性与实际效果一直也饱受质疑,对于我国高校体育课程教学的反思和要求变革的呼声也有数十年了,与之相伴的还涌现出了很多有益的课程改革尝试。在我国体育课程以及体育教学改革持续深化的情况下,高校体育课程以及体育教学两方面的改革已经处于攻坚时期,改革最终能否获得成功直接决定了未来我国体育事业以及我国高校在培育人才方面的机制与思路的成果。体育必修课在我国高校中的设置已经延续很长时间,其作为常见的体育体制也是我国体育教育过渡阶段贯彻的关键体制。在体育教学改革对创新的要求不断提高之下,教师和相关部门人员都在积极努力尝试更新、更合理的教学方法,并且致力于在教学中突出学生的主体地位。

体育选修课,则是在学校已有体育教学资源和师资力量的基础之上规划和设置相应的教学项目,以此能够带给学生更多的参与不同体育学习内容的机会。体育选修课的教学模式往往是打破了原有的自然班或系的组织形式,其组织方式以具体体育项目的需要作为分类依据,从而使有着相同运动爱好和相近运动水平的学生的多种需求得到满足。从作用上来看,高校体育是学校体育转向社会体育的一个过渡阶段,其作为学校体育中的最后一阶段,需要在体育教学上达到以下要求:保证学习内容的文化性、保证运动的实用性和娱乐性、保证学生运动意识的提升;指导学生科学评价身体情况;使学生掌握正确的运动方法。体育选修课的增设,弥补了学校体育课程中的一些缺陷,如教学内容不完整、教学项目并非学生青睐等,这也反映出了现代学生对体育学习的真正需求。体育选修课良好的实践效果也得到了学生的肯定,从中的确获得了更多收获。高校开设体育选修课,真正做到了"以学生为本",力求从学生的实际学习需要的角度入手,激发学生对体育学习的主动性,利于他们形成终身体育意识。由此来看,这是值得大力提倡和推广的模式。

(二)高校篮球课程开展的模式

1. 基础体育课

基础体育课,是指组织和指导学生学习体育基础知识、基础技能,使学生综合运动能力获得提升以及身体形态更加健美的课程。基础体育课的最大目的在于培养学生形成正确的体育观,其课程特点为向学生教授的内容具有系统性和全面性,以此有利于学生思想品质的形成和改善。

就篮球运动来说,经统计可知,我国高校为此专门开设课程的数量有限,约有40%。在这仅有的40%中还有许多是与其他体育选项课并行开设的。而一些高等职业院校对体育课程的设置为两年,有关篮球运动的教学只占其中不多的比例。还有一部分开设基础体育课的高校会在第一学年中的两个学期开设,之后的学期的体育教学就会以选项课的模式出现。就众多内容的基础体育课来说,指导篮球教学的并非一定会是篮球专项教师,这就一定会出现教师专业水平与所需的实际教学水平之间的矛盾,再加上班级中男女生对篮球运动的喜好程度不同,最终实在难以保证篮球教学目标的实现,更多是流于形式。

客观来说,每一种教学模式都有属于其自身的优势,基础体育课也是如此,其优势在于可以对学生的身体素质和专项素质水平有显著提升,最重要的就是其对学生多方面的基础有夯实作用,有利于他们更加高效地完成高年级选修教学。对于高校来说,基础体育课会选择班级授课制,这也是我国学校最常见的教学组织形式,以固定不变的教学大纲为参照,来设定出固定不变的教学内容。基础课教学具体是指学习不同种类的运动项目并使身体素质均衡发展,但在这个教学过程中往往对于学生的运动喜好是忽视的,仅这一点就表现了基础课教学没有顺应"以学生为主"的现代素质教育的宗旨。目前,我国采取基础课教学的高校在开课学期和项目两方面存在很大区别。一部分学校是统一传授一项本校传统项目,另一部分学校则是实行很多项目先后开课的形式。在现实中,由于中学体育与高校体育之间在理念、作用、目标等许多方面的不同,难免使高校体育教学与中学之间出现明显的脱节,两者之间并没有展现出必然的联系和逻辑。进入高校的大学生在身体素质和体育技能两方面存在很大不同,这些问题还亟待进一步改革基础体育课程来解决。

2. 体育选项课

选项体育课,是指在达到身体全面训练的情况下,以学生对体育运动的学习需求和兴趣为出发点,让学生掌握对应项目的理论知识和运动技能的课程组织方式。调查发现,在许多高校中都出现了体育内容的选项课,有些学校还出现了基础体育课与体育选项课同步开展的形式。体育选项课如今已经成为多数高校体育教育的重要开展形式,它突出了体育教育主体双方的地位,在学生学习某项运动技能或某几项运动技能的过程中,能够向实现终身体育提供必要帮助。

篮球选项课的设置是与《全国普通高等学校体育教学指导纲要》(以下简称《纲要》)中的精神相吻合的。《纲要》中指出,必须高度重视学生主体作用和教师主导作用的共同发挥,力争实现开放式教学与探究式教学并举的教学新模式,并且进一步拓宽体育课程的时间与空间。学生在结合教师指导的基础上,独立完成课程内容。多措并举,共同营造良好学习氛围。

就篮球选项课来说,这种开展模式无疑更关注学生的个性化需求,尊重学生的爱好和需求,是学校教育个性化的一项重要理念,同时也是对素质教育的一种呼应。学校是社会众多机构中的重要组成部分,它不应只是简单复制掌握相同知识和技能的"学生产品",更应该致力于培育不同性格和不同思维的人,而这就依赖于富有个性化的教育。对于学校教育个性化而言,学生在这个过程中基本可以使他们的需求得到满足,同时也获得了期待中的自我实现。对于教师来说,篮球选项课模式也让他们的地位得到凸显,让他们的专业有更为理想的用武之地,这对于教师来说也是无可厚非的价值肯定。由此也更好地说明了体育选项课无论是对学生还是对教师来说,都做到了尊重他们的选择权、发展权,乃至人格权,反映出对人的差异性有了进一步认识,彰显了现代大学体育"人性化"追求。

这里要特别说明一下篮球选项课对学生终身体育意识形成的突出贡献。大学生活是学生生涯的最后阶段。过往很长时间的学校体育都将强身健体作为第一要务,甚至是唯一的指导思想,与之相应的就出现了学校体育教学方式的专业化,这显然是与学校学生的实际情况和需求脱离的。学生们性格不同,对运动项目的兴趣不同,但无论学生的兴趣点和需求在哪里,学校都不会予以考虑改变原有的教学大纲与内容,也没有太过考虑学生在接受体育教育之中的健身性、娱乐性的差异性。而篮球选修课的第一优点就在于提供了给学生选择的可能,让热爱篮球运动的学生能够接受更加良好的篮球教学,满足自身的爱好和对某项运动的向往。需要指出的是,正是在这种学习主动性的促使下,学生更能理解学习篮球技能的价值,同时也更能推动他们逐步形成终身体育的意识及掌握必要的技能。

3. 选项提高课

篮球选项提高课,是指学生在已具备一定篮球技能的基础上对更深层的理论知识或更高级的技能进行学习的课程类型。这种课程的选择完全是为那些对需要更高篮球技能的学生而准备的。不过在实际调查中可以看出,设定这类课程的高校并不多,而在有篮球选项提高课的学校中,从实际的教学效果来看,学生们通过深入学习所达到的成果也有一定差异,如那些篮球技能基础尚未得到夯实的学生的学习效果就有待改善。

《纲要》中明确指出了学校教育应面向所有学生,而由于体育教学的特殊性,可以开设各种各样的体育课程并做出相应教学组织方式的尝试,如可以打破原有的自然班模式,组织学生再次组合之后再上课,使不同情况的学生得到满足。篮球选项提高课设置的目的实际上也是为了满足对篮球运动有更高学习要求的学生,有针对地对各种情况的学生展开学习指导,如此能将学生学习积极性与主动性调动起来,也就等于满足了这类学生的学习需求。显然这是一种合理的分层教学思维,学生可以根据自身的能力和意向选择适合自己的层次课程,进而实现对应的教学目标,因此考评标准也会发生相应变化,这样更利于培养学生的自信,如此才会爱上篮球运动。

为了更加突出教学的层次性,篮球选项提高课的分层依据是技术难度,这样更有利于提高学生学习的积极性,其根本目标在于对层次清晰的教学产生积极、明确作用以及防止重复教学。对于那些篮球运动基础较好且有强烈进阶意愿的学生应适当加快教学进度,而对那些技术掌握尚未牢靠的学生更应加强基础练习。这种分层并不是简单的教学内容的分层,连带其教学目标也是有层级之分的,不同技术级别对应不同的目标,每个层次的学生在技术水平上差异较小,如此更有利于激发学生学习积极性。

学习潜能是每个学生与生俱来的,为此,他们在自我实现的需求方面也自然有所区别。篮球选项提高课作为选项课教学的一种,其对学生体育理论水平以及实践水平的提高注定会带来积极的影响。

4. 体育社团

高校体育社团是近年来高校体育教育改革中的一项非常积极的尝试,同时也是未来学校体育发展的趋势。体育社团在国外许多高校中已经是较为常见的教学模式了,近年来在我国的一些高校中也曾出现并缓慢发展着。在对我国高校体育社团的调查中可知,篮球运动专项社团的数量非常稀少,在仅有的几个篮球社团中,教学的模式也基本与正规体育教学无异。从本质来说,这个选项教学的不同之处比较小,仅仅在名称上面做出了一些改变,只是为那些热爱篮球运动的学生提供了更多参与运动的机会,但这点意义来说就已经是一个进步了。

从体育社团性质的角度上看,所谓的"高校体育社团"就是将高校中拥有共同兴趣爱好和前行方向的学生自行聚集起来,以体育锻炼与健康意识需求为出发点,并承担相应的权利与义务而构成的团体。我国的学校体育社团是对课堂体育教学的一种有益补充和拓展,由于其组建的形式多为学生自发的,因此学生就对社团中的很多事物有一定的决定权,如此就使体育社团在运动开展方面在符合相应运动规律的情况下有着更多的自由度,进而可促进实现体育课需要完成的教学任务与教学目标,如此看来这的确是一种对学校体育教学的优化和补充。从高校体育社团的理念和创编思路来说,其的确是目前高校中较为理想的体育学习模式,通过这个模式开展的体育活动,在内容、特征以及选项课三方面更容易获得统一,也更符合学生的需要。由此可见,高校体育社团是对教学思想、教学目标、教学结构和教法体系的一个整体性研究。

与我国相比,一些教育较为发达的外国学校中的体育社团发展已经有了很长的历史,现今正处于成熟状态,其中较有代表性的国家有日本、美国、英国等。这些国家高校的体育社团无一例外是以单一运动项目作为社团活动的基础,学生根据兴趣选择不同的体育社团来参与体育活动,而参加体育社团直接关乎到他们的学分,是一个必选的项目。与之相比,我国目前更多还是以自然班为单位开展的各种体育活动,组织形式和内容都很单一。相信随着我国教育事业的不断发展,吸收国外优秀教育模式为我用,未来我国的学校体育教育必将与国际接轨,探索出一条更适合我国教育实际情况的体育社团发展之路。

随着篮球体育社团不断被高校体育认可和出现,在一定程度上其对传统体育教学模式带来了启发,还使得两种体育教学模式得到了融合,两者相辅相成、互相促进,展现出新的高校体育运动教学发展模式。

三、高校篮球课程内容与教学方法状况的调查与分析

(一)学生对高校篮球课课程内容态度的调查与分析

一般情况下,参与篮球运动教学的教师对于所教授的内容的确定基本是以本校教学大纲作为参考的。但教学大纲所展现的是一种框架性的、粗略的总体方向,特别是在篮球理论知识的内容上基本没有详细规定,因此不同教师所进行的理论知识教学内容大多不同。在篮球教学中,最常见的教学内容有篮球运动的起源与发展历程、基本技战术、篮球游戏、篮球竞赛、篮球规则等。调查后得知,学生对篮球技术的教学基本满意,但对战术、裁判理论与实践的教学满意度偏低。

高校篮球教学课的内容要能够促进教学目标的达成。《纲要》中对学生通过教学应达到的在运动参与、运动技能、身体健康、心理健康以及社会适应五个方面的目标进行了说明。由此就使得篮球教学内容的选择也要以遵循这五项目标为依据,过程中要注重五项目标并举,注意不要过分看重某一目标的实现而忽视其他目标。因此,篮球教师在教学中要做到理论与实践结合,此外还要融入与篮球运动相关的身心健康、运动医学、心理学、运动学等知识。

另外,在《纲要》中还指出教学内容安排的几点原则,即健身性和文化性有机结合、选择性和时效性有机结合、科学性和可接受性有机结合、积极顺应《国家学生体质健康标准》提出的内容与要求。为此,在篮球教学课的内容中,除了占比较高的技战术内容外,还要适当安排篮球文化知识的内容比例,以使学生在学习了这两方面的知识后可以反复论证知识的理论性和实践的有效性。

（二）学生对高校篮球课教师教学方法认可度的调查与分析

在对篮球教学课程中教师常用的教学方法进行调查后得出的结论是，教师最常使用的教学方法为示范法、练习法、竞赛法和游戏法。从对学生进行的教师教学方法满意度调查的结果上来看，大多数学生对教师选择的教学方法的满意度偏低，认为教师应该多多尝试使用更加新颖和更有效的教学方法。以目前现有条件来看，为了增加学生的学习兴趣和直观化地展现教学细节，通过更频繁地使用新型教学手段是破解这个问题的关键，这一手段就是多媒体教学法，由此可以更好地将篮球运动技战术以及所需内容更加直观地展示给学生，提升教学效果。

如果是教授同一个年级的篮球教师，其所教授的内容基本是不会改变的。如此一来，有些教师还能对教授同样的内容表现出足够的热情，甚至还能注重启发学生的运动思维，但还有些教师就难以调动起自身的教学兴趣，更谈不上将激情传达给学生了，表现出来的教学氛围就显得非常沉闷。从教学方法的角度来分析可知，相同教学内容已经容易让教师出现单一化的教学了，为了解决这个问题可以从改变教学方法入手，如在技术教学过程中增加多元化的练习方式，在战术教学中以以赛带练的方式进行。这样能够最大化地让学生对教学有新鲜感。为此，篮球教师就应紧跟时代步伐、不断完善自身知识结构和提高教学能力，从而努力使自身执教水平得到大幅度提升。

四、高校篮球课程评价状况的调查与分析

（一）对学生篮球学习的评价

在普通高校中，学生需要掌握的篮球运动评价内容包括参与篮球运动的态度、篮球专项技能、体能体质健康、篮球运动知识、体育进步程度、情意反映、团队协作精神。尽管有些学校具备多样化的体育学习评价内容，认真贯彻了《纲要》精神，但许多高校

依旧将终结性评价当成主要内容,忽视了过程性评价的作用。通过分析评价方式可知,当前一些学校依旧将教师测评作为主要内容,只是在专项测评时会加入评价过程。学生篮球学习评价,是构成体育教学评价的一个环节,是一般评价活动在体育教学领域中的反映,其往往以实现设定的体育教学目标为根据,通过正确的技术与评价方法,测量、分析、比较体育教学活动的整个过程以及最终结果,同时做出价值判断。

对于体育教学而言,体育教学评价属于一个关键部分。体育教学的评价内容和评价方式,对体育教学观念与导向有直接性作用,对学生进步程度和发展状况有重要影响,对体育教学目标最终完成情况有影响。当前普通高校体育教学评价模式存在的偏差比较大,在评价内容、评价工具、评价方法上都存在单一化问题,体育教学评价理念等方面的不合理和单一化问题存在密切关联。原本应当向体育教学工作提供合理导向、服务以及激励功能的体育教学评价,却对体育教学改革产生了很大束缚,这将不利于实施素质教育和实现体育教学目标。除此之外,还不利于维护学生的自尊心与自信心,不利于调动学生参与体育学习的主动性,对学生在体育学习上取得进步有制约作用,从浅层次上看很客观,但从本质来说则有失公平。

就评价方面来说,篮球教学过程中反映出的问题有:评价内容没有兼顾全局;将定量评价和终结性评价、绝对评价摆在过于重要为位置;忽视了定性评价和过程性评价的重要意义;没有深入分析评价过程中的个体差异与进步程度,将教师评价摆在了太高位置,没有认真组织和实施学生自我评价与相互评价。现代体育观已经逐步从单方面培养学生学习技能过渡到多方面培育和提升学生整体素质,已经由单一化的生物观念逐步过渡到生理、心理以及社会三个维度。高校体育不但承担着使学生身体素质提升、心理状态得到有效调节的任务,同时还需为学生未来融入社会、达到个体社会化不断努力。《纲要》在学生课程评价方面指出,学生学习效果评价与学生学习过程评价应当是学生的学习评价的主要内容,常见内容有体能和运动技能、认知、学习态度和行为、交往和协作意识、情意表现等,采用学生自评、学生互评、教师评定等多种途径来开展。评价过程中应当达到淡化甄别、选拔、强化、发展的功能,在评价内容中加入学生进步幅度。

从很早开始,我国高校体育教学中将甄别和选拔摆在十分重要的位置,体育课程评价过程中尤为偏重甄别和选拔,同时把课内体育技能摆在极为重要的位置。在考核学生理论掌握情况以及实际身体素质时,往往将评价体育成绩的标准设定为跑得快慢、投得远近等。素质教育十分重视以人为本,指出要将被教育对象设定为所有学生,通过竞技体育评价体系来判定所有学生必然无法实现促进学生全面发展。在现阶段,体育课类型已经从之前的普通课逐步转变为选项课和俱乐部类型,课的类型越来越多,评价内容涉及内容越来越广泛。具体来说,就是高校教师应该对存在个体差异的学生使用不同标准,并在评分时以态度和进步程度为根据,但绝大部分高校教师依旧把主要评价内容设定为运动技能评价,运用"结构考核和综合评分"的方法,将出勤率、理论水平、各项素质等作为综合评价学生体育成绩的因素,没有将参与程度、体育意识等因素考虑在内,同时课外体育活动没有被列入评价内容中。但是,课外体育活动能够有效提升学生体育水平,使学生逐步产生兴趣,让学生凭借自身意愿来选择出运动项目,大幅度提升体育技能,使学生逐步形成积极参与运动的良好习惯。由此可知,要想推动体育课程评价内容朝着全方位的方向发展,需要对学生的体育态度评价、情感评价、价值观评价投入更多注意力,把课外体育活动添加到评价内容中,使以往评价内容单一化的问题得到有效改善,深入认识和发挥情感学习目标的重要意义。

（二）对篮球教师的教学评价

专业素质、教学水平、教学工作量、科研水平是普通高校评价教师的主要内容。在可操作性的束缚下,绝大部分学校评价过程中只涉及教学工作量评价以及科研水平评价。同行专家评价是常见评价途径。

对于篮球教学活动而言,篮球教师是一项关键组成因素,篮球教师在篮球教学活动中发挥主导性作用。当教学评价体系的科学性和有效性得到保障后,往往能有效调动篮球教师对教学和科研的主动性,对有序完成整个教学活动有积极影响,当教学评价体系的科学性和有效性无法得到保障时,必然会对教师主动投身教学活动产生消极影响,对篮球教学活动的顺利完成产生负面影响,从而最终阻碍学校体育改革的推进。《纲要》中指出,教师业务素养和课堂教学是教师教学评价的主要内容,通常可以借助同行专家评议、教师自评以及学生评价来开展。

课堂教学评价是指评价教师的教学过程和教学效果。对于课堂教学评价而言,不但要评价教学全过程,而且要对教学活动的有效性进行重点分析,换句话说就是着重评价教学活动对达到教学目标的有效性。在现阶段,我国各个高校在评价体育教师课堂教学时,将体育教师教学工作表现放在尤为突出的位置,没有意识到课堂教学氛围、学生学习情绪、学生学习主动性、师生间交流的重要作用。所以说,就体育教师课堂教学评价而言,重点评价学生的学习过程中的各项反映、学生学习前和学习后产生的变化是需要高度重视的方面。

领导与同行往往是评价主体,没有重点应用学生评价以及教师自评的可行性,很久以来我国在教育方面都实施相对统一的行政管理体制,在集中统一的性质管理体制的作用下,使得领导意志成为体育教师教学评价结果好坏的决定性因素,领导具体包括教导处或教研室主任。尽管"个人总结、群众评议、领导鉴定相结合"是常见模式,然而实际教学活动中并没有考虑体育教师的想法和观点,另外也没有安排学生加入评价活动中。体育教师人际关系以及领导是否欣赏教师成为评价结果的主要原因,整个评价过程的主观性极为突出,最终必然会导致体育教师教学评价逐步演变成看分数、看人的机械量化过程,这对高校体育教师的有效发展产生了负面作用。由此可知,在大力改革体育教学的情况下,改革体育教师教学评价是一项急需完成的任务。

五、比赛教学法在篮球教学中的实证效果研究

山西运城学院大学生公共体育教学课程是学校日常教学的重要环节,也是学生德、智、体、美、劳全面发展的重要保证,主要通过体育教师运用不同的教学方法使学生能够通过体育课程达到身心锻炼,学生学习效果可以通过学生课堂教学活动和课外体育活动表现。篮球运动作为一项团队运动具有很高的社会普及性,而且可以锻炼学生的多种身体素质,为了提高学生的身体素质,学校加大对篮球运动的重视有很大的社会必要性和很强的实用性。

在运城学院篮球教学中,学校的教学模式主要是以提高学生学习成绩为目标,为了改变学生身体素质偏低的现状,学校可以按照课程需求积极改善授课模式,探索一种既能传授学生们篮球基础技能,又能让学生们爱上篮球课的教学模式。从目前的教学状况来看,尽管许多教育专家、学者都在如何教学方面进行了相关研究与探索,而且也取得了一定的研究成果,但在篮球课的教学方面,仍然未完全打破传统教学模式的束缚,生搬硬套传统体育教学方式,主要是老师教学生练,或是老师只进行简单的讲解,学生参与锻炼的时间极少,学生对老师讲多练少的上课形式早已没有了新颖性,学生也是消极地对待课堂教学,从而使教学效果达不到预计的教学效果。虽然很多体育教师在专业方面掌握比较熟练,但是缺少对专业技术熟练运用的能力,使得自己的专业知识不能运用到实际的教育教学中,实际并不能发挥多少作用。

比赛教学法在现代篮球运动训练中已经得到了普遍应用,但在学校篮球教学中的使用还不够广泛。实践证明,这是一种非常有利于激发学生学习兴趣和富有教学实效的方法。这里对运城学院大学生公共体育篮球教学运用比赛法教学进行实验研究,从而为探索学校篮球教学方法的改革提供一些参考。

研究中以运城学院公共体育大学生为对象,选择学生共 181 人,男生 94 人,女生 87 人。实验时将这 181 人分为了实验组和对照组,实验组 85 人,对照组 96 人。在对实验组开展的篮球运动教学中大量使用比赛教学法,经过三个月的实验后得出的结论为:将比赛教学法应用在运城学院大学生公共体育篮球课上进行授课,不仅可显著提高学生的学习兴趣,积极调动了学生们参与课程、参与训练、参与学习的热情,而且还可以让学生体验了正规的篮球比赛流程,获得了成功的体验,达到了让学生们掌握篮球技能的教学目的,对加强同学的体能水平也很有帮助。

基于这一实验结果,特提出如下三点建议。

(1)体育老师应根据学生的实际情况制定适合他们发展的比赛教学方法。具体的学生情况包括身体健康状况、体能条件、运动天赋等。

(2)体育教师还要根据学生运动训练效果进行及时反馈,针对学生的学习锻炼效果及时修改、调整和完善训练方法。

(3)体育教师要敢于运用比赛教学法,相关教学管理机构应更多提倡将这种教学方法纳入到体育教学的大纲之中,使体育教师能够充分应用比赛教学法指导学生进行体育锻炼。

第三节　学校篮球运动训练发展现状

一、学生现状分析

学生在训练过程中占据主体位置,学生参与篮球训练的主动性对训练成效有积极影响,不管是和运动训练相关的理论和设计,还是和运动训练相关的计划和方案,均需要通过学生生理机能与心理技能来进一步优化,使学生体能、技能、智能以及心理能力得到大幅度提升,并要在学生参与竞赛并创造出优异运动成绩的情况下实施,倘若学生没有做到主动参与训练,则训练效果将无从谈起。由此可知,对于学校篮球运动训练来说,全面了解学生的现状是极为必要的。

（一）学生训练动机分析

促使学生参与体育学习和身体健康活动的内部心理动因，即运动动机。分析学生参与篮球训练活动的实际情况可知，一些学生可以积极参与篮球运动训练，还有一些学生无法积极参与篮球运动训练。就参与篮球训练的学生来说，很多学生对对抗性训练方式感兴趣，但部分学生排斥对抗性训练方式。学生反映出的差异性和运动动机存在着紧密的关系。因此，准确掌握学生内部心理动因，增加学生参与篮球运动训练的动机，就可以制定出行之有效的训练方案为学生运动成绩的提升打下良好基础。

通过调查得出，学生参与篮球运动训练的主要动机是兴趣爱好和通过参与篮球运动来更好地就业。传统学校学生参与篮球运动训练的主要动机是兴趣爱好以及考试加分，这两种训练动机的作用构成了学校篮球运动员的来源。在深入调查和比较两种院校的篮球运动员后得出，大部分学生成为运动队一员是受家庭教育和亲人、朋友的影响，想表现自身能力或想由此成为名人的数量较少。

由此可知，在培育运动员或制定训练计划的过程中，必须准确掌握学生训练动机并把其考虑在内，准确抓住学生的兴趣爱好，如此学生往往能对训练活动持主动态度，拼尽全力来达到内心目标，最终使训练效果得到预期目标。只有学生将训练视为个人爱好以及努力目标时，方可以认真完成训练，从而在坚持不懈地努力后具备较高的篮球运动水平。

（二）学生身高与体重情况分析

对于所有运动来说，都需要运动员身体素质处在良好状态。对于所有高水平运动员来说，一定都具备良好身体素质，原因在于其是赢得优异成绩的底牌。篮球运动的特性对选拔运动员有决定性作用，在体育运动持续发展的背景下，篮球运动员需要达到的身体素质越来越高。"无高不篮球",21世纪的现代篮球竞技比赛无可非议地将继续是巨人群体展开的大拼搏,参与篮球竞赛的运动员必须通过身高优势、体重优势、力量优势以及技巧优势来制空,篮球运动特征是出现该现象的决定性因素;"不高无优势"已经成为篮球竞赛的客观事实。

要全方位掌握参与篮球运动训练的学生在训练方面的实际情况,对实际情况有更加清晰地认识,从而对我国篮球运动发展发挥积极影响,全面深入地剖析参与篮球运动训练学生的身高和体重等信息变得十分重要。经过调查和统计得出,参与学校篮球运动训练的男学生整体身高和体重处于良好状态,整体身体素质比较好。

(三)学生学习成绩与学习态度分析

我国各个学校在积极培养篮球运动后备人才的同时,也对参与篮球运动训练的学生的学习文化教学方面投入了很多精力。在我国当前教育体制的作用下,篮球运动员的整体素质必须达到更好的要求,特别是在当前篮球运动发展的高潮期。培养学生时要注重品德和能力的双重发展。在管理体系方面,把教学、训练以及科研充分融入在一起,十分重视训练和学习的有机统一。当前,很多跨专业文化渗透在体育领域,对体育发展发挥了十分重要的作用,体育领域衍生出了许多和体育存在联系的学科,使得未来体育发展出现了很多崭新方向,同时在某种程度上缓解了运动员以及体育专业学生的就业压力。对于参与篮球运动训练的所有学生来说,学习态度都和学生成绩有紧密联系,对学生能否在学习上有更大进步有决定性作用。对于处在人生重要阶段的学生来说,该阶段形成的学习态度对学生终身都有难以磨灭的影响。因此,有必要准确把握学生对学习的具体态度和学习过程中存在的具体问题。倘若学校和教练员只重视训练成绩以及实际效果,忽视对学生的文化教育,则会对学生实现全面发展产生负面影响。

从本质来说,态度属于无法观察到的一种假设结构,一定要对客体做出积极评价结果或消极评价结果后方可加以测量。简单来说,学习态度就是指在学习方面持有的观点以及实施的行动,通常由思想方面的认知、在学习方面的情感以及日常行为组成。思想方面的认知是指对需要学习的知识应当持有健康向上的思想;在学习方面的情感是指在学习上的心理反应;日常行为反映在很多方面,如出勤率和自觉性等。通过学生完成课前预习和课后作业等方面的实际情况,能够直接了解到学生对文化课程的学习态度。

预习是指先行认知过程,具体就是学生在课前提前阅读将要学习的内容,掌握所学内容的大概,对所学内容形成大体认识,预习的实际效果对学生能否深入掌握知识具有重要作用。经过调查得知,每次课前都会预习的学生十分有限,在参与篮球运动训练的学生不重视预习的情况下,很多学生对学习的主动性不强,学生对学习目标和学习计划的设定比较盲目。

因为学生对新知识的掌握程度不深,所以导致学生在大脑中难以构建出十分紧密的联系,同时出现自然消退的可能性比较大,坚持及时复习往往能够对学生巩固所学知识有积极作用。倘若不能在最佳时间内有效复习相关知识,则出现逐步遗忘的可能性将会增大。但是,调查发现能够做到及时复习的学生十分有限。在未能科学遵循知识构建框架的情况下完成规律性复习,导致许多学生常常会遗忘学习过的知识,知识构架的稳固性比较差,学完新知识后常常会出现遗忘,随着时间推移最终常常只能获得一些简单知识。

作业是检验学生掌握所学知识的重要标准。调查发现可以独立完成作业的学生不足二分之一。因为学生自律性比较差,没有认真完成课前预习和课后复习,同时在训练任务繁重以及比赛压力较大的情况下,导致学生的身体无法获得足够休息,学生难以全身心地投入到学习中,进而导致不能独立完成作业的学生数量比较多,在学习效率、学习质量、学习方法上不能实现预期效果和预期目标。综合分析参与篮球运动训练的学生可知,还有一些学生的学习积极性还需进一步增强,在学习方面的态度还有待更加端正。在将学生对自己制定的实际要求、勤奋程度、上课认真程度、做作业的积极性进行为期一个月的记录后得出,学习态度和学习成绩之间存在正相关关系。

（四）学生升学与输送情况分析

从全局分析,我国高水平篮球运动员后备人才的常见生源是各个中学学生以及体校学生。随着各级政府以及体协对篮球运动越来越重视,学生参与篮球运动专业训练的开始时间越来越早,参与训练时间不断增长,另外在经费、器材以及课余时间越来越充足的情况下,可供学生参与的篮球运动比赛场次的数量也在不断增加。

对于参与篮球运动训练的学生来说,文化成绩与运动能力都会对其能否升学或进入更高层次的队伍参与训练有直接性作用。我国各高校体育院系招收高水平运动员的基本条件是必须获得国家二级运动员（及以上）证书,且必须在高中阶段在省市级以上比赛中获得成绩的运动员。分析现阶段青少年学生输出现状可知,大多数学生会选择普通高考,可以顺利进入更高一级运动队参与训练的学生比较少见。

据一项对参与篮球运动训练的学生的调查显示,大约有二分之一学生对未来持有的希望比较小,担心与忧郁充斥在内心世界中,原因在于无法继续参与专业的篮球运动训练、无法顺利升学、就业压力很大;大约有三分之一学生表明对未来充满担忧,同时还有一些学生对未来充满迷茫。只有三分之一学生就业压力比较小,很多学生并未对未来就业和个人问题持有乐观态度。和参训的学生进行深度沟通后得出,许多学生产生担忧情绪的主要因素包括自身前途、家庭环境、社会压力、父母社会地位等。与家庭条件和父母社会地位都比较差的学生相比,在家庭条件和父母社会地位两方面占有优势的学生担忧程度比较低。

调查得出,在我国各地参与篮球运动训练的学生主要来自本地。出现这一现象的主要原因是教练员和体委更加倾向于本地学生,也不想让发展潜力比较大的学生流失,因为比赛过程中有明显的功利性,所以导致某些高水平的学生无法被输送到训练成效更好的地方。教练员不仅使高水平学生留在本地,同时还指导学生利用外援身份来帮助其他篮球队打比赛,进而获得一些利益,以此有效调动本地培养单位的动力和积极性,从而让高水平的参训学生留在本地,无法被及时输送到其他省份;除此之外,当前许多省市的"竞赛制度"中明确规定非本地户口或办理户口时间不超过三年的运动员无法参与省市举办的篮球比赛,这使得许多高水平的参训学生无法走出去,无法在其他省份参与篮球运动训练。

二、篮球教师现状分析

(一)篮球教师从业年限情况分析

篮球教师始终是学生在这一运动领域中前行的标杆,教师对教学起到主导性作用,并且其教育行为影响会贯穿教学始终,教师教学水平高低直接决定了学生对这项运动的学习兴趣和热情。要想成为一名优秀的篮球教师,首先要具备足够的教学能力,以此保证教学活动能够井井有条、教学过程严谨活泼、教学目标得以达成。除此之外,还需要参与学生学习心理的辅导,包括对学生学习主动性的激发以及对体育运动参与意识的培养等。从事了多年篮球运动教学的教师从经验上来看是一定多于新加入到篮球教师队伍中的老师,当然这也和篮球教师在职教之前的经历有关。可以肯定的是,经验丰富的篮球教师往往更能帮助学生解决实际学习中遇到的困难,以及启发他们的学习思路,让教学变得事半功倍、成效显著。从我国学校篮球教师的从业年限调查数据中可知,在从业5年以下、从业6~10年、从业11~15年、从业15年以上这四个单位来看,教师数量呈现出了明显的下降趋势,大多数篮球教师都是从业不满 5 年的教师。通过访谈得知,大多数在学校中从事篮球教学或训练的篮球教师大多毕业于我国的专业体育院校,毕业后来到学校担任体育教师的工作,并在需要进行篮球内容的教学后承担其篮球教师的工作,他们甚至其中很多人在校期间并非篮球专业的学生。即便是那些有过篮球训练经历的篮球教师,在从事教学活动时必然表现出经验不足的问题,这主要是因为其自身经验更多来源于以前的训练活动,在教学时几乎是照搬了自己的训练模式,但这些模式与现代篮球教学的要求相比不免已经过时。如此看来,篮球教师的从业经验也是存在正反两方面影响的,好的一面是经验必然能对学生运动水平的提升起到积极作用,但不足的一面在于经验是基于过去的经历获得的,能否适应现代教学需要重新审视,只有不断创新和完善的经验才是有效的,否则会对篮球教师的自我提升产生阻碍作用。这就要求篮球教师要在现有基础上坚持再学习,不断吸收新的理论知识和教学方法,从而使自身的教学管理水平和训练水平得到提升。

(二)篮球教师运动经历情况分析

高水平的篮球教师确实会有很多超出其他教师之处,这些过人的地方在他们的运动员或学生时代就已经确定了下来。优秀的篮球教师往往有着较为丰富的运动员经历,仅仅如此还远远不够,在运动员经历的基础之上,还要加入更多篮球教师成长过程中的自我思考和适用于篮球教学的技能学习。现今的学校在招聘篮球教师时,首先会要求任教者具备运动员经历,原因在于篮球教师亲身体验过相关运动的训练过程,可以更加深刻地理解运动员或学生的内心想法,同时还会要求教师对学校篮球教学有一定见解,避免专业队的篮球运动训练模式被完全移植到学校体育之中,这有违学校体育教育的宗旨。

高水平篮球教师的经历还有助于其建立系统的教学风格、使用特殊的教学手段以及训练方法。这些都在其经历中获得过验证,被认为是对篮球教学目标达成的有效方式,并且能够激发学生学习的潜力,在教学中也有利于学生的团队凝聚力形成,如此就创造了良好的教学氛围,使学生总是处于较为稳定的发展状态,而最终的成果就是学生篮球综合技能的增长。篮球教师应当无时无刻都要求自己谦虚、谨慎,主动发现学生的长处并积极学习,进而进一步充实训练经验,这是作为有过相同学习和训练经验的篮球教师的教学优势,他总是可以感同身受地为学生考虑,了解他们在学习中的困难或瓶颈。因为许多训练方法均来自运动员对训练的反馈,所以和学生的交流也是一种促进篮球教师及时更新观念和教学方法的途径,而不是一味固执己见,不愿倾听学生的建议。这是高水平篮球教师应当具备的共性。

可以肯定的是,高水平篮球教师的运动训练经历可以有效作用于他们开展的篮球教学活动,这有利于他们更加科学地利用学生在训练和比赛过程中出现的运动负荷变化,深入理解缓解运动员心理压力等各项措施的必要性,如此让篮球教学变得更加科学、严谨、正规。这对于现代学校体育的科学化和实现学校体育教育功能来说都是非常重要的,难以想象如果篮球教学缺乏科学性、正规性和专业性,又怎么能获取篮球运动中所蕴含的多样化价值。

通过对我国学校篮球师资过往经历进行的调查可知,在被调查的 64 名篮球教师中有 21 名曾有过运动员经历,其中 3 人有国家队训练经历,6 人有省队训练经历,12 人有市级运动队训练经历,其余 43 人则来自体育运动学校。从这个调查中可见,大部分篮球教师在过往成长中缺乏运动队专业训练经历。同时也确定篮球教师的常见来源主要为我国体育院校的毕业生和专业训练队退役运动员。两种来源的篮球教师没有优劣之分,但都各具特色,其中体育院校的毕业生在理论知识层面上优势显著,而退役运动员则在教学和训练的实践经验上占据优势。为了使两种来源的篮球教师能够互相弥补,需要鼓励他们在业务领域多多交流和学习,各自取长补短,如此才能切实提高学校篮球教学水平,使学生从中受益。

（三）篮球教师竞赛经历和岗位培训情况分析

学校篮球教师应当具备一定的体育竞赛经历，这是他们自身运动能力以及技术层次的具体反映。众所周知，运动训练是任何体育运动项目技能提升的最直接方法，其也是竞技体育的重要构成部分。以赛带练作为运动训练中的一种，其意义就在于通过比赛的方式增加运动员的实战经验，这不论是对于专业篮球运动员还是体育院校的学生都是如此。以练带赛和以赛带练的形式现如今也在学校体育教学中被广泛运用，其目标还是为了提升学生在学习运动技能之后的实际运用水平。如果一名篮球教师具备足够的竞赛经历，他就可以透过自身的经验对教学做出有效总结与借鉴，如面对教学比赛，就可以向学生提供更为有效的赛前、赛中、赛后的战术布置或调整方法，还可以根据学生真实的身体情况来开展针对性练习。具备竞赛经历的篮球教师更能够把握学生的心理变化，懂得何种情况可以让学生自我调节、何种情况需要加入心理干预。显然欠缺竞赛经历的篮球教师在这方面的指导是处于空白或弱势的。据统计，基本上篮球教师都具备一定的比赛经历，但这种经历相对于那些经历过省市级别以上大赛"洗礼"的篮球教师来说就显得较为有限。

总而言之，拥有丰富竞赛经历的篮球教师可以将这些经验应用在日常训练和比赛之中，丰富的经历也是学生更加崇敬教师的资本，进而也对学生产生更好的激励作用。尽管竞赛经历的作用如此之大，但在实践中，篮球教师关于教学的一系列实际操作仍旧是对教学起到决定性作用的因素。

（四）篮球教师待遇情况分析

判断篮球教师的水平如何主要以其是否具备如下七方面要素为标准。

（1）平和、宽容、乐观、耐心、坚持。

（2）信任自己、彼此信任。

（3）坚定的信念。

（4）目标清晰。

（5）方法合理。

（6）有效创新。

（7）内省。

要想成为一名优秀教师，包括篮球教师在内，都需要他们首先拥有远大的抱负和崇高的职业愿景。之所以看中这点，主要在于人们会在自身理想的驱动下变得更加坚韧，信念也更加坚定，同时也认可自身的执着和努力。

篮球运动教学有其特殊的规律，最典型的一点即为对学生的篮球技能培养是一个长期的过程。在这个过程中必然会出现各种各样的问题和苦难：教师和学生要互相磨合，学生的学习信心要反复建立等，即便如此，最佳的教学效果也不会在短时间内立刻获得。由此也决定了篮球教师的工作同样是一个漫长的过程，这个过程需要教师和学生共同经历，共同朝着教学目标前进，但最终结果如何却是无法判断的。因此，强调篮球教师需要拥有远大的抱负和奉献精神是其能够承担好这份教学工作的前提。

就目前我国学校体育教学师资队伍的构成来看，承担篮球教学活动的是本校的体育教师，其中也包括篮球运动出身的体育教师，这些教师除了完成好教学计划中规定的教学任务外，还要在课余时间承担学校篮球队训练、篮球活动组织与管理以及篮球社团顾问等工作，无形之中工作量就增加了许多。但在很多学校的教师薪资构成中却没有对教师的额外工作给出应有的补贴和训练费，教师在实际待遇较低的情况下，对篮球工作热情产生了很大的负面影响，丧失动力源泉后必然会无法全身心投入到相关工作中。在对学校篮球教师的工资满意度调查后可知，认为非常满意的只有 3.1%，认为比较满意的占 18.8%，认为一般的占43.8%，认为不太满意的占 23.4%，另外还有 11% 认为非常不满意。由此调查可以直观了解到学校对于篮球教师的付出没有给予与之相匹配的回报,教师的利益没有被很好地维护。即便是给予教师一定的补助,体育教师与其他学科教师的数额也有较大差异。这些差异在潜移默化之间给篮球教师的工作情绪带来了影响,这点从侧面也极大降低了体育教师的价值评估。为了缓解这种不利局面、平衡好教师的利益,学校应该研究增加相应的补助和奖励,使篮球教师的工作积极性大幅提升,从而推动篮球教师更加主动地参与到学校篮球活动中去。

第四节　影响学校篮球运动教学与训练发展的因素

一、学校领导的支持程度

尽管包括篮球教学在内的学校体育教育是现如今素质教育所提倡开展的课程,但在实际学校教育当中,出现体育教学让路文化学科教学的情况仍不少见。并且,体育教学对场地和器材的要求相对较高,需要一定的资金投入。基于上述两点,要想使学校篮球教学与训练能够获得稳步发展,就需要学校领导对此的坚定支持,只有如此,支撑篮球教学活动的物质保障才能落实,有关篮球的活动才能保质保量,最终推动学生从参与运动过渡到享受运动,对学生喜爱该运动项目发挥积极作用。

二、篮球场地与设施的完善程度

篮球场地与相关设施是篮球运动教学正常开展的基本物质保障。良好的场地使篮球教学的开展变为可能,好的场地不仅能激发学生参与篮球运动的热情,从实际角度上看也有利于保护学生的身体健康、降低运动损伤的几率。据统计,超过 64% 的学生觉得篮球场地与设施对自身参与篮球运动的兴趣有不容忽视的作用。

三、教师的实际能力情况

教师的实际能力情况展现的是从事篮球教学或活动指导的教师的综合专业能力,其包含的内容有教师教学能力、教学组织能力、专项业务能力、对学生的启发能力等。对于大多数学生来说,体育教学课堂是他们学习篮球技能的主场所,教师的业务水平、教学水平、选取的教学内容都会对学生的学习产生影响,而学生能否真正喜欢上篮球这项运动也是从日常学习中一点一滴感悟出来的。

调查显示,有过半数的学生认为篮球技能学习行为与教师的教学水平以及业务水平直接相关,其中特别是教师业务水平被学生接受得越好,越会对学生参与篮球教学训练产生影响。而教师在篮球课上是否有意识地给予学生启发式的教学,是影响学生能否形成终身体育意识的关键。

四、校园体育文化氛围

每所学校都需要建设有特色的校园文化。校园体育文化是校园文化中的重点内容之一,它可培养学生的集体荣誉感、团结协作精神、全面的素质。篮球作为深受广大学生青睐的运动项目,其已经成为校园体育文化的重要表现形式。通过开展形式多样的篮球活动,能够进一步活跃校园文化,展现学生的良好状态,营造出学校青春洋溢的氛围。这些无疑对学校篮球运动教学与训练发展具有积极作用。

五、篮球运动训练中存在的学训矛盾

在我国学校体育发展之中,学生的学习与训练始终被认为是一对矛盾,即两者相互影响、互相造成干扰。而诸多事实也倾向于这种情况的发生,因为在文化学习和运动训练两方面都达到极高水平的人确实不多。为了提升学校篮球运动队的水平,每周都会安排固定的时间进行训练，尽管这些训练时间都安排在文化课之余，然而学生在完成大强度训练之后，常常无法沉下心来学习文化知识，或是导致学习文化知识的目标和动力不足，这就是学训矛盾产生的根源。

随着学生年级的不断增长，其要承担更重的学业，而篮球训练的负荷也逐渐加大，"鱼与熊掌不能兼得"的问题更加凸显，这一问题最为突出的阶段是在中学时期。解决这一问题的办法唯有在于学生个人，力求在学习文化知识和参加篮球活动之间找到平衡点是唯一的办法。

六、学生参赛次数的情况

在现代体育中，为了增加运动员的实战经验，以赛带练已经成为了一种非常常见的训练形式，即便是在学校体育中，这种训练方式也在逐渐推广，事实证明，这种模式也非常受学生的青睐。对于学校篮球来说，教学与训练同样也是为了能够在比赛中展现所学技能。日常的教学与训练和真正的比赛相比无论是在节奏、对抗程度以及氛围上都无法比拟。因此，比赛是检验学生学习成果的直观方法，能够参加更多的比赛也是学生积累实践经验的方式。在竞争激烈的实战过程中不但可以激发运动员的主动性，而且能有效调动运动员已经具备的技能与体能。

然而在目前我国学校篮球开展的过程中，重教学、轻实践的情况还是非常普遍的。由此也使得学生的实战能力较弱，即平常所学的技战术在比赛当中很难在正确的时机运用出来，更不要提在比赛中遇到突发情况能做出对技战术或心理调节方面的及时应变了。由此可知，要想推动学校篮球运动教学与训练发展，增加学生参加比赛的次数刻不容缓，而在教学训练中加入更多的教学赛无疑是一个很好的方法，如此能够使学生个人乃至整个球队的水平获得提升。

第四章　学校篮球运动健身健心价值探析

篮球运动本身所具有的健身健心价值与学校教育的需求非常契合,这也是这项运动之所以受到学校体育教育青睐的原因。为此,本章就探析学校篮球运动的健身与健心价值。

第一节　篮球运动健身价值实现的途径

一、加大对篮球运动文化的弘扬力度

美国是篮球运动的发源地,此后这项运动在欧美许多国家所开展,带有浓厚的西方竞技体育色彩。尽管如此,篮球运动的开展形式和所具备的运动效果符合我国大众的身心发展特点,其在我国长期的发展过程中还不断与我国传统文化相融合,直到现在形成了带有我国特色的篮球文化,即是一种拼搏向上、为国争光的篮球文化。中华人民共和国成立之后,党和政府非常重视通过体育运动来达到振奋人心、建立民族自信的目的,篮球运动就是其中非常被看好的一项。为此,对于篮球运动文化的弘扬力度不断加大,实际来看这一方式也的确收到了良好的效果,正是篮球激励了人们奋发向上、不畏强敌的精神,其意义非常巨大。所以,要不断对篮球文化氛围进行积极营造与创建,对篮球文化丰富的内涵和价值进行充分挖掘。在此过程中,还要注意尽量将我国传统文化的精华与篮球运动相结合,引导学生在参与篮球运动时除了要注重运动能力的提升,还要注重体会运动精神与文化,力求从运动中找到对精神文化层面上有所提高的内容。

二、全面提升篮球运动在学校中的影响力

学校是传授知识、技能与文化的场所。在学校中开展的一切活动都是针对提高学生某项能力而制定的，为此，在这种有目的、有计划、有组织的学生培养活动下，开展篮球运动也是一种教育行为。以篮球运动作为教育的手段的优势在于它在学校中具有广泛的学生参与基础，这个良好的基础都得益于其自身所具有的健身、健心、娱乐、竞技等属性，如此就成为了学生锻炼身体、增进与他人友情、丰富课余生活的重要方式。要想充分发挥篮球运动的价值，学校就应该全面提升篮球运动的影响力，为此应在立足本校实际情况的基础上对篮球教育制度进行建立与完善，积极为学生参与多种形式的篮球活动创造条件和氛围，在意识上正确引导，最终实现促进学生身体素质和专项能力不断提高与发展的目的。

三、实现对篮球运动硬件设施的可持续投入

现如今，在仔细分析了影响我国学校篮球运动发展的诸多因素后可知，体育场馆与相关设施的缺乏和不完善是其中较为主要的原因之一。学校篮球运动的开展非常依赖体育场地与设施等一系列物质保障，但当前学校体育资源的匮乏的现状难以在短时间改变又是客观事实。所以，要想充分发挥篮球运动的健身价值，减小或消除硬件设施不足而造成的不良影响，当务之急就是要将原本并不富裕的学校体育经费的投入更多倾向于篮球运动，以使这项最为受学生欢迎的体育项目得到良好的硬件设施保障。

为了解决学校篮球运动硬件资源不足的问题，还可以考虑加强学校、社区和相关企业之间的合作，使之共同完善体育设施，共同享有体育资源，各自发挥自身的优势，如此不仅有利于创建和谐的学校体育文化、社区体育文化以及企业体育文化，而且也能够使篮球健身的资金与设施短缺的问题得以解决，可谓是一种一举多得的做法。

四、注重对篮球运动竞技性与健身性的研究

现代社会生活的物质水平大幅度提升,相比过去,现在的人们越发关注自身的健康状况。于是,人们开始利用闲暇时间参加各种形式的体育运动。篮球运动是一项非常理想的健身运动项目,其所具有的竞技属性也使人们在健身的过程中获得了精神上的兴奋感。这的确都是因为参与篮球而获得的,为此,在篮球运动的科学研究中就需要以人们的实际需要为依据,除了要对篮球运动的竞技性进行研究,还要注意对科学研究手段与方法的选择与运用,以此对篮球运动健身价值的内部机制予以科学揭示,从而深入挖掘它的健身属性及机理,促进科学的篮球健身理论体系的构建与形成,以此造福更多热爱它的人。

五、举办更多与篮球相关的活动或比赛

在学校中举办更多篮球比赛或与篮球运动相关的活动,也是一种有效展现篮球运动健身价值的渠道。

为了更好地激发更多学生对篮球运动的兴趣,调动他们的参与积极性,学校应举办更多的篮球比赛,或与篮球运动相关的活动,这也是宣传学校篮球的主要方式。为此,可以从以下三方面着手。

(1)成立学校篮球运动社团。学校篮球运动社团是学校篮球教育的一种有力补充和完善,其作为一种非学校官方的组织,更多由喜爱篮球运动的学生组成,再加上篮球教师的指导,从而开展更加丰富多样的亦或是更加专业的篮球活动。参加学校篮球社团的学生可以在其中接触更多、更专业的篮球知识,参加更多的篮球比赛,这对提升自身的运动技能和实践经验显然是非常有益的。

(2)社区篮球协会的组织者可以在恰当的时候组织篮球爱好者对篮球教学或比赛的视频录像进行观摩,使其通过观摩比赛来发现自身对篮球技战术运用能力的不足,对自己在参与篮球运动

中出现的问题进行正确分析,同时能够更加直观地认识与理解一些篮球运动的技术动作概念。这有利于观摩者在以后的篮球参与过程中,有意识地弥补自身的不足,促进自己篮球技术动作的规范性与准确性,从而使自身的篮球技战术水平不断提高,并同时促进社会篮球运动的蓬勃发展。

(3)针对不同学生群体组织适合他们参与的篮球活动。学校中热爱篮球运动的学生众多,但这些学生未必都拥有过硬的身体素质和良好的技术来支撑激烈的篮球比赛。为此,为了满足不同水平和身体状况的学生对篮球运动的参与需求,学校就应该对篮球竞赛或活动进行有针对性的开展,如组织篮球嘉年华活动,其中设置定点投篮比赛、运球接力、传球传准等趣味篮球活动,通过参加这些乐趣十足、精彩纷呈的活动,可以有效缓解学生的学习压力,逐渐使他们爱上运动。

第二节　篮球运动增强身体机能的价值

一、篮球运动对身体形态与机能的影响

(一)篮球运动对身体形态的影响

对于人体的外在形态来说,对其构成影响的主要因素有身体成分、肌肉和骨骼。身体成分的种类很多,但对人体形态产生最大影响的要数脂肪的含量。骨骼是人体的基本构架,起到支撑身体的作用,它通过不同形状和功能的关节连接。肌肉是附着在骨骼上的,为人体各种动作提供动力的组织。经常参加篮球运动,会对人体骨骼、肌肉和身体成分产生重要影响。

1. 篮球运动对身体成分的影响

这里所谓的"身体成分"不是宏观概念中的人体成分,而是运动系统组织的比例成分。人体的运动系统由骨骼、肌肉和关节组

成,这其中骨骼和关节的比重是最为稳定的,肌肉所占的比重相对稳定,一般情况下变化不大。由此,决定人体外在形态的因素就在于身体成分了,更多是受到脂肪含量的影响。为了维持理想的脂肪比例,现代人热衷用各种方式减脂。不过,为了维持人体正常的运转,必须需要有一定比例的脂肪含量才行,其最大用途在于为人体提供能量的储藏以及起到一定的保温作用。过多或过少的脂肪比例均会对人体健康产生不利影响。人体脂肪含量的测量单位被称为"体脂率",是人体内脂肪重量占人体总体重的比例。成年男性的正常体脂率为 15%～18%,成年女性的则为 25%～28%。

篮球运动属于有氧运动中的一项,有氧运动的好处在于人们通过参与运动可以使自身的脂蛋白酶(LPL)活性得到显著提高,这会更好地调动脂肪供能的积极性、增加脂肪的利用率,从而达到强身健体、保持优美线条的目的。有研究数据显示,经常参加篮球运动的人,其上臂、背部、腹部等部位的皮脂含量明显减少,肌肉含量及力量有明显提升,因此无论是对其健身和健美都具有理想效果。

2. 篮球运动对人体肌肉的影响

篮球运动对人体肌肉带来的影响在这里专指对骨骼肌带来的影响。骨骼肌附着在人体的骨骼之上,它的收缩和曲张带动骨骼发生运动,再加上关节的衔接,使得动作的种类多样。通过肌肉做功产生的动作可以有动态性动作和静态性动作两种。

实践证明,经常参加篮球运动可以使人的骨骼肌形态、结构和功能保持在同类人群中的较高水平,且长期参加运动还能使骨骼肌发生适应性变化,这些变化都是积极的,具体如增加肌肉重量、体积,增强结缔组织韧度,提升肌群收缩协调性等。

(1)篮球运动对肌肉重量和体积的影响

肌肉是由肌纤维构成的,肌纤维是肌肉的基本单位。篮球运动对人体肌肉的锻炼非常全面,其对肌纤维的质量有较大提升,具体表现为肌纤维的增粗,不断增粗的肌纤维使得整块肌肉质量更大,体积也更大,肌肉形状也更加美观。篮球运动中有许多耐力性训练,这种训练也对人的肌肉质量提高有所帮助,如可使快肌纤维向慢肌纤维转化,其结果同样可以使肌肉体积增加。

（2）篮球运动对肌肉结缔组织的影响

肌肉经常性做收缩和放松动作可以有效促使肌腱和韧带中的细胞增生,不仅如此,肌肉的运动还能使肌外膜、肌末膜和肌内膜增厚,从而提高肌肉抗断能力。篮球运动中的许多动作的完成都依赖肌肉的不断收缩,其中更是有很多依赖爆发力的动作,诸多运动特点使得篮球运动对增强肌肉结缔组织的强韧水平有较多的帮助。

（3）篮球运动对肌纤维类型的影响

篮球运动对人体全面的身体素质都能起到积极的影响,人体各方面素质都能得到相应提升。其中,技术动作和与对方身体的对抗可使肌纤维得到最大限度的发展,这种力量对抗对快肌纤维的增粗作用明显。而篮球运动中体现出的耐力可使肌纤维中线粒体数量增加、体积增大。

（4）篮球运动对肌耐力的影响

长期参加篮球运动的人其肌糖原的储备较为丰富,除此之外还会使肌红蛋白含量增多,这无疑会提升肌肉的储氧能力。肌糖原的储备量以及肌肉储氧能力的高低很大程度上决定了人体在运动中乳酸生成的多少及快慢,这一情况决定了运动性疲劳对运动者的影响有多大以及是否能很快从疲劳中恢复。通过篮球运动还能使肌肉中线粒体数量增多、体积增大,有数据显示,当人在参加篮球运动中时,肌纤维中的毛细血管开放的数量为安静时的20～30倍,如此自然增强了肌肉中的血液循环,有利于肌肉在长时间做功的情况下保持较好的状态。

（5）篮球运动对肌群收缩协调性的影响

篮球运动中的许多技术和临场状况需要运动者经常做出急起、急停、急转等动作。这些动作的做出仅凭腿部来完成显然是不够的,实际上还需要脚步的蹬碾、腰腹的带动等动作。为了完成好这些需要由身体多个部位协同实现的动作,就需要身体各方面完美的协调,这种协调更多依赖于肌肉的收缩协调性,它使原动肌、对抗肌和固定肌共同收缩、相互配合,以确保工作的完成。经常参加篮球运动可以改善多部位肌群的协调性,进而高效发挥肌肉的收缩效率。

3. 篮球运动对人体骨骼的影响

骨骼是支撑人体的重要组织,在人体内它的质地非常坚硬,但同时也具有一定的弹性。随着年龄的提升,骨骼的弹性会逐渐减小。骨的外层包裹有一层骨膜,骨膜下面是一层结构很坚实的骨密质,骨密质越厚,骨骼就越坚硬,越能支持人体的大力量动作的完成。如果将骨骼剖开来看,其内部结构较为复杂,富含造血细胞、血管与神经。在骨的内层和长骨两端是骨松质,骨松质结构相对疏松一些,形态酷似海绵,它由骨小梁纵横交错,按受力方向排列,这样排列的好处在于既能够保持骨的坚固又不至于使骨的质量太重。值得一提的是,骨骼细胞有再生的能力,这也就解释了为什么在发生骨折后通过对接经过一段时间后可以痊愈,且新长上的骨骼相对之前来讲会更加坚硬。篮球运动的特点使得运动者总在进行奔跑、跳跃、急停和变向等动作,这对于骨骼的锻炼来说非常有益,增强了骨的坚固性,同时对韧带在骨骼上附着的牢固性也大有帮助。种种这些的变化最终都有利于骨骼承受更大的外力作用,提高了骨的抗扭、抗变、抗断和抗压能力。此外,肌肉的牵拉作用也对骨骼的变化产生影响,两者是相辅相成、相互促进的关系,且这种关系可以细化到某个身体局部。当肌肉力量增大时,肌肉收缩对骨骼产生的应力刺激可有效提高成骨细胞的活性,这种活性能够持续较长的时间,甚至在人进入中老年后仍旧有良好的、维持骨骼健康的效果,具体表现为发生骨折的几率降低,以及延缓骨质疏松症出现的时间等。

篮球运动的运动方式与特点对于骨骼健康的促进作用还体

现在能够刺激骨骼的生长,这点对于正处于青春发育期的学生来说更为重要。有统计数据显示,经常参加篮球运动的青少年比不常运动的学生的身高会平均高上几厘米。篮球运动促进骨骼生长的原因在于骨骼两端有软质的骨骼,这层骺软骨在新陈代谢的作用下,不断地骨化而变为硬骨,同时又不断增生新的软骨,这样一来骨的长度就会增加,这已经是经过科学论证过的。如此一来,只要将这种骨骼的生长规律利用得当,就可以大概率增加身高。对骨骼的生长规律进行研究后发现,人体到 25 岁左右时骨骼才会完全骨化,此后骨骼基本停止生长。这也说明了,在此之前多多参加运动还是可以增加身高的。

(二)篮球运动对身体机能的影响

1. 篮球运动对心血管系统机能的影响

(1)运动对心脏结构的影响

篮球运动对心脏结构的影响可以从宏观和微观两个方面入手进行分析。

①对心脏宏观结构的影响。从心脏结构的宏观层面上看,经常参加包括篮球运动在内的体育运动可使心脏的重量和体积增大,这点在专业运动员身上体现得格外明显。一个正常人的心脏重量大约为 300 克,而经常参加运动训练的运动员的心脏重量可达 400～500 克。运动性心脏肥大甚至已经成为了运动员心脏的主要形态特点。当然,参加不同运动项目对于心脏的肥大程度的影响也会不同,主要对其构成影响的还是运动强度和运动持续时间。此外,心脏肥大程度还与运动员的等级水平有关。如果相比两名级别相差较大的运动员的话,高水平运动员的心脏肥大几率会显著高于一般水平的运动员。

②对心脏微观结构的影响。从心脏结构的微观层面上看,经常参加包括篮球运动在内的体育运动可使心肌纤维增粗、肌节变长、线粒体致密。线粒体体积增大,则线粒体密度会增加。从分

子水平来看,肌球蛋白增加,肌红蛋白增多,ATP 酶活性提高;间质成分的改变主要表现在心肌毛细血管增多,出现大量吻合,管腔表面积增加。通过参加运动负荷适当的运动,可以使心肌胶原纤维适度增加,对心肌细胞起支持、连接作用,并维持心肌正常的收缩与舒张功能。不过,如果运动负荷过大会引起心肌细胞凋亡,进而使心肌结构与功能受损。有研究显示,心肌肥厚是继发于心脏的压力负荷和容量负荷增加后产生的适应性反应,是一种正常的心脏变化。压力负荷的增加一方面直接刺激细胞生长,另一方面可促进心肌组织产生各种分泌因子,同样诱导特异性的心肌细胞肥大。

（2）运动对血管结构的影响

①对动脉组织结构的影响。如果所参加运动的负荷量在合理范围内的话,其对血管动脉管壁的影响为使血管内膜增厚,并且还会使弹性纤维和平滑肌增厚,这样一来血管壁就更加富有弹性,有利于血液流动。但如果长期接受超过合理运动负荷范围的训练的话,动脉管壁中的膜的厚度就会过大,同时还会导致平滑肌过度增生,血管壁的弹性降低,这是运动性高血压病的诱发因素。不仅如此,这种情况还会增加运动性伤病的发生几率。

②对微循环血管结构的影响。经常参加包括篮球运动在内的体育运动可以有效改善心脏微循环。这种促进心脏微循环的作用得益于运动使心肌毛细血管扩张、心肌细胞储氧量丰富等。适宜的运动可改变毛细血管在器官内的分布和数量,如心肌和脑组织;毛细血管内皮细胞中吞饮小泡增多,腔面微绒毛结构增多,毛细血管开放数量以及新生数量增多,口径增大,容积和表面积增大,分支吻合增多,这会对器官的供血情况带来帮助,心肌细胞与毛细血管最大氧弥散距离减小,有利于细胞的氧气和能量供应,进而增强器官的功能。

（3）运动对心血管功能的影响

人体的心血管功能在人经历长期的、经常性的体育锻炼后会得到提升,并且运动还对体内物质代谢水平有所增加、减少脂肪过多的堆积在血管壁上,从而使血管壁保持良好弹性。因此,体育运动是预防各类心血管疾病的好方法。运动对心血管功能的积极影响主要体现在其对心率和心输出量的影响上,下面具体分析这两点。

①运动对心率的影响。运动对心率会产生较为积极的影响。例如,当运动者长期接受耐力性训练后,其安静心率会较之以往更慢,这种现象被称为窦性心动徐缓。正常成人安静时的心率为60～80次/分钟,而耐力持久的运动员则为40～60次/分钟。

经长期运动引起的窦性心动徐缓现象是人体心功能改善的重要反应,甚至这种现状的出现与否还成为了评价一名运动员运动水平的标准。是否能出现窦性心动徐缓现象与运动相关的很多因素有关,如训练强度、运动年限等,运动强度越大(在合理范围内)、运动年限越长、训练水平越高,越容易出现这种现象。当人们处于运动时,所需要的能量就越多,身体代谢加快,血液循环加速。为了支撑人体的运动,心脏功能在运动中加强,每搏输出量增加,经过系统训练一段时间后,愈发增强的心肌使得运动员的每搏输出量比正常人高,在这样的锻炼下,当运动员在相对安静的情况下时,一个较低的心率就完全可以满足机体对能量的需求。

②运动对心输出量的影响。运动对心输出量的积极影响在于使每搏输出量增加方面。当人体处于运动或相对安静时,其血流量情况差别很大。当人体处于运动状态中时,机体会重新分配血流量,以保证支撑人体运动的各组织能够正常运转、满足运动所需。这个重点的部位就是肌肉,因此在运动中,人体骨骼肌的血流量迅速增加,以此来满足运动中代谢增强时的能量供应。

对于心输出量的提高来说主要从四个因素着手,为前负荷、后负荷、心率和心肌收缩力。在相对静止时,心脏的每搏输血量只占高强度运动状态下的每搏输血量的1/4,而经常参加运动的话,会使人体更多接受负荷所带来的刺激,进而使得心肌力量在不断的刺激和适应的过程中得到加强(图4-1)。

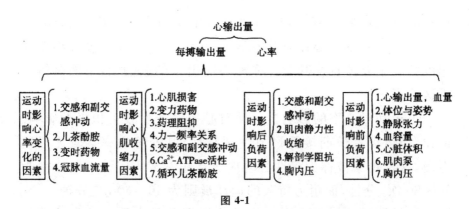

图 4-1

③运动对血管弹性的影响。运动对人体血管弹性的影响主要在于其能够维持和增加血管弹性,促进和维持血管健康。人体内的血管根据不同功能有静脉和动脉之分,所有血管都是富有弹性的空腔管道。就动脉来说,它是体内主要的供氧血管,动脉血管的健康状况直接决定了氧气运输的顺畅程度。动脉弹性降低会引发动脉硬化,这是典型的人体心血管类疾病的危险因素。对于那些患有高血压病的人来说,改善人体血管弹性的最好的方式之一是参加有氧运动。近年来,传统观念认为的高血压等心血管疾病只会在中老年人群体中发生的情况已经发生了改变。随着现代物质生活的丰富以及人们普遍生活在高压力、快节奏的环境之中,使得这些过去中老年群体才会患上的疾病开始向中青年甚至青年人群体蔓延。归根结底来说,多多参加包括篮球运动在内的有氧运动是改善血管弹性、预防高血压等心血管疾病的最好方式。

2. 篮球运动对呼吸系统机能的影响

(1)运动对肺通气量的影响

人体的新陈代谢会在运动时逐渐加快,其具体通过肺通气量增加、呼吸加深加快的方式来适应机体代谢时所需的氧气。在呼吸时,一方面快速为机体代谢供氧,另一方面则是要将体内的代谢废气排出体外。运动员处于较低运动强度时,每分通气量的增加主要以潮气量增加为主;当运动强度增加到一定程度时,则主要依靠呼吸频率的增加。在一定范围内每分通气量与运动强度呈线性相关,若超过这一范围,每分通气量的增加将明显大于运动强度的增加。

运动过程中通气量的上升与下降所呈现出来的是一个"∩"形的规律。对这个规律可以从运动的前、中、后三期来看。运动前在热身活动进行时,通气量稍有上升;运动中通气量先突然升高,进而再缓慢升高,随后在接近高点的位置达到一个平稳水平;运动后逐渐进入到相对静止的状态时,通气量出现骤降,之后下降的幅度将会逐渐减弱,最终恢复到运动前的水平。这一过程具体如图 4-2 所示。

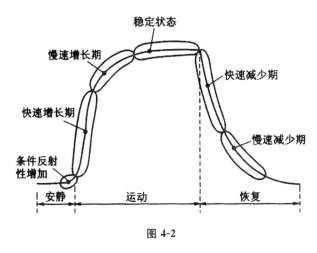

图 4-2

(2)运动对肺换气机能的影响

肺换气机能的变化主要是通过氧气的扩散和交换来实现的。运动导致人体各器官组织代谢机能加强,降低肺部静脉血中血氧分压,呼吸膜两侧血氧分压的压差增大,氧气在肺部的扩散速率增大;血液中儿茶酚胺含量增多,导致呼吸性细支气管扩张,使通气肺泡的数量增多;肺泡毛细血管前括约肌扩张,开放的肺毛细血管数量增多,从而使呼吸膜的表面积增大;右心室泵血量增加使肺血量增多,通气/血流的比值仍维持在 0.84 左右。

氧通气当量是评价呼吸效率的一项重要指标(氧通气当量是指每分钟通气量和每分钟吸氧量的比值),氧通气当量低说明氧摄取效率高。正常人安静时氧通气当量为 24(6 升/0.25 升),安静时的氧通气当量几乎不因训练而改变。运动时在相同吸氧量的情况下,运动员的肺通气量比无训练者要少;在相同肺通气量情况下,运动员的吸氧量较无训练者要大得多,即运动员的呼吸效率高。呼吸效率越高者,能完成的运动强度也越大。

(3)运动对组织换气机能的影响

运动时一方面使肌肉组织耗氧量增加、血氧分压迅速下降、组织和血液间血氧分压的压差增大,氧气在肌肉组织的扩散速率增大;另一方面使毛细血管开放数量增多,血流量和气体交换面积增大、组织中二氧化碳分压和局部温度升高,氧合血红蛋白解离加强,促使肌肉氧利用率提高,肌肉的代谢率较安静时可增高达 100 倍。

(4)篮球运动对最大吸氧量的影响

①最大吸氧量的含义。最大摄氧量(VO_{2max})是指当人体的运氧能力和用氧能力达到最大限度时,即使运动强度继续增加,摄氧量也不会再随运动强度的增加而增加的状态下的摄氧量,通常以每分钟为计算单位。

最大摄氧量早期亦被称为"氧极限",意为摄氧量不能逾越的界限。最大摄氧量有两种表示方法,即绝对值和相对值。绝对值表示为"升·分钟$^{-1}$";相对值表示为"毫升·千克$^{-1}$·分钟$^{-1}$",即单位体重分得的每分最大摄氧量。一般人最大摄氧量约为 2～3 升/分,运动员可达 4～6 升/分。最大摄氧量常用来反映运动员的有氧工作能力以及评定训练效果。

机体存在最大摄氧量这一概念的原因主要为机体所需要的氧的供应依赖于人体的运氧能力,这一能力取决于骨骼肌的用氧情况。而就人体的运氧能力和用氧能力来说,两者都不是无限大的,都是有一个最高限度的。除此之外,最大摄氧量主要依赖心肺系统功能,当运动员的心输出量达到一定程度时最大摄氧量的增加就会受到限制。因此,这就解释了为什么机体的摄氧量随着运动强度的增加而增加,但当运动强度达到一定程度时,摄氧量的数值就会达到上限而停止增加。

②篮球运动可以提高最大摄氧量。篮球运动作为一项理想的有氧运动,其中包含了大量急转急停、身体对抗以及需要爆发力参加的动作,这些都使得这项运动对人体呼吸摄氧要求较高。为此,在日常训练当中应锻炼人体的呼吸摄氧能力。长期参加篮球运动的人的最大摄氧量普遍高于不经常参加运动的人,这一数值的提高对人体的实际意义在于促进了心脏泵血功能、血液运输氧和组织器官的氧利用等三项能力。

二、篮球运动对身体健康水平的影响

学校篮球运动的开展的最终目标是力争使学生通过参与篮球运动提升其身心发育水平。其中对于学生身体健康水平的提升是重中之重的目标,也是最为直观的目标。而对参加篮球运动后对身体健康水平产生的积极影响要从肌肉力量、有氧代谢能力与身体柔韧性三方面入手进行分析。

(一)篮球运动对肌肉力量的影响

1. 篮球运动可以增强肌肉的绝对力量

篮球运动是一项可以对多方面人体机能起到锻炼作用的综合性球类运动项目。经常参加篮球运动健身的人可以获得坚实的骨骼和结实、有力的肌肉。骨骼肌组织增粗的原因是与肌纤维增粗、肌原纤维增多和肌纤维数量增加有密切的关系。

另外一个可以起到增加肌肉绝对力量的途径是健身者在练习中包含更多的运动单位。运动单位是指一个运动神经元(神经细胞)与它所支配的一组肌纤维(肌细胞)的总和。神经系统对人体的控制在篮球运动进行过程中是无时无刻存在的,在它的"引领"和"控制"下身体才能做出协调、准确的动作。经常参加篮球运动,可使神经系统得到较好的适应与协调,逐渐降低或抵消机体的自身抑制机制,募集更多的肌纤维,动员更多的运动单位参与收缩,使相同的肌肉会产生更大的肌力。

2. 篮球运动可以增强肌耐力

肌肉耐力使人体在进行各种运动中可以长时间保持肌肉力量的能力。在日常生活和体育健身中,良好的肌耐力是正常开展这些运动的基础,对于专业运动员来说肌肉耐力的意义就更加重要了。

为了细致地说明肌耐力,首先要对肌纤维做出进一步解释。通过研究和分析发现,肌纤维可分为快肌和慢肌两类,其中对肌肉耐力影响较大的是慢肌,又被称为"红肌",红肌中含有较多的肌红蛋白。红肌发达的人,有氧耐力运动较好。篮球运动的运动方式刚好非常有助于氧化酶活性的提升,从而引起红肌纤维增粗。除此之外,红肌还对人体神经系统调控能力的提高等起到积极作用。经常参加篮球运动,还可以使肌肉中三磷酸腺苷(简称ATP)的含量增加,提高机体的供能量,促进肌肉中血清肌酸激酶(CK酶)的活性提高,耐乳酸的能力增强,从而提高了有氧氧化能力,提高肌肉的耐力,延长肌肉工作的时间。

3. 肌肉力量和肌耐力的测试指标

目前常用的测试指标有以下几种。

(1)蹲杠铃:两脚分开,与肩同宽,双肩负重杠铃,腰部挺直,双膝慢下蹲,至90°左右,快速挺起(膝关节伸直),可连续进行。大重量杠铃主要反映下肢肌肉的绝对力量;中等重量杠铃,多次负重下蹲主要反映下肢肌耐力。

(2)卧推杠铃:仰卧在卧推架上,双手抓紧杠铃杆,双臂肘关节做曲伸(肘关节至90°左右)动作。大重量杠铃是主要反映上肢肌肉的绝对力量;多次练习中小重量杠铃主要反映上肢肌耐力。

(3)握力:手握握力器,用最大力气握。它反映人的前臂和手部肌肉力量的指标。握力与其他肌群的力量相关,是反映肌肉总体力量的一个很好指标。

（4）引体向上：引体向上是反映上肢力量有效的测试指标，同时也是一项锻炼上肢力量的有效练习方法，在锻炼过程中也能够磨炼人的意志品质。

（5）1分钟仰卧起坐：仰卧起坐是反映腰腹肌力量和肌耐力的测试指标，测试过程比较安全，所以这种指标大多为测试女性腰腹肌力量和耐力时使用。

（6）俯卧撑：俯卧撑是反映手臂力量、胸大肌、三角肌和腹肌力量与耐力的测试指标，也是锻炼上肢和胸腹肌肉力量的常见练习方法。简便、易行，因地制宜，可广泛开展。

（二）篮球运动对有氧代谢能力的影响

1. 有氧代谢能力的生理学基础

有氧代谢能力的生理学基础主要包括如下三方面内容。

第一是呼吸系统为有氧代谢提供所必需的氧气。呼吸系统由呼吸道和肺组成，其中呼吸道的主要功能是用于输送气体，肺中的肺泡是进行气体交换的场所。而经常参加篮球运动可以使呼吸机得到充分的锻炼并且使单位时间内的气体呼出量大大增加，如此就会使胸廓围度加大，肺活量以及肺泡通气量增加。

第二是心血管系统输送氧。心血管系统是由心脏和血管组成，它们是人体循环系统中的重要组成部分。心脏的作用不用多说，作为身体内血液循环主要动力器官，它的收缩与舒张推动着血液在心血管系统中不间断地流动。出心血流经动脉被运达至人体的每个角落，毛细血管则是连接小动脉与小静脉之间的血管，并且它作为血液与组织进行气体交换和物质交换的场所与人体的有氧代谢能力也是密切相关的。静脉是引导血液回心的血管，把血液汇集到大静脉而流入心脏。

第三是组织器官利用氧和其他营养物质的能力。前面提到过毛细血管作为人体养分和氧气的中转场所，它的口径非常小，小到它的直径仅有平均8微米左右，这个狭窄的管道几乎只能供单个红细胞通过,而且血管壁也非常薄、通透性大,血管中血液流动缓慢,有利于血管内血液与血管外组织进行充分的物质交换。

2. 篮球运动时能量代谢的特点

一场正规的篮球比赛的净时间为 48 分钟,如果算上其中的停表、暂停和换人的话,篮球比赛的毛时约为 90 分钟。在这一时间内,不论是场上比赛的球员还是场下的替补球员都处在精神高度紧张的状态中。另外场上的球员除了需要高度集中精神外,还有大量体力的付出,如处在进攻一方的球员要想方设法在 24 秒内结束进攻,这期间要做急停、摆脱、跳投、突破上篮、冲抢篮板球等动作;防守球员要随时应对进攻方的各种假动作和进攻战术并采取一系列的有针对性的防守动作,如快速移动、合理顶靠、卡位等动作。这些高强度的动作所需要的能量主要来自无氧代谢供能,不过从供能效果来看,无氧代谢供能所提供的能力的持续时间非常短暂(最多不过 20 秒)。而在篮球比赛中,一些连续的攻守转换、全场紧逼盯人等这类大强度的运动通常都会超过 20 秒甚至更长时间。因此,对于强度很高的篮球运动而言,尽管其中需要一定的无氧代谢供能,主要是指篮球竞赛中的技术动作,但是在整个篮球比赛过程中有氧供能系统的供能仍旧要占主导地位,约占供能总量的 70%～80%,其中以肌糖原有氧氧化为主。

3. 篮球运动可以提高有氧代谢能力

篮球运动发展到今天已经具有了高强度、高对抗、高速度的特点。据研究发现,参与篮球运动时人体最高心率可超过 210 次/分钟。不错,篮球比赛由于规则的原因,使得场上经常会出现一些比赛中断的时间用于罚球、换人、暂停等情况。暂时中断的比赛可以让运动员在这段时间内获得短暂的休息。因此,鉴于这种比赛模式使得篮球运动中的大部分时间内运动员的机体都是以有氧代谢供能为主。

作为普通参与篮球健身的人来说,篮球运动的强度要远远小于专业篮球运动员,其有氧代谢供量比例会更大,一般达到90%以上。因此,经常参加篮球运动可以有效提高肺泡通气量,改善心血管系统机能,增强机体对于氧气的利用能力。

4. 有氧代谢能力的测试

对于有氧代谢能力的测试是评价人体运动状态高低的指标之一。在现代通常会使用12分钟跑测试和3 000米(男)/2 400米(女)测试两种方法。通过这两种方法的测试可以较为准确地对人体有氧代谢能力做出评价,且方法简单、易行。因此,经常参与篮球健身运动的人在参加篮球运动之外,还应该注重对跑步(长距离跑)的练习,以此提高有氧代谢能力。

(三)篮球运动对身体柔韧性的影响

1. 柔韧性素质的生理学基础

柔韧性,是指人体关节活动幅度的大小,以及跨过关节的韧带、肌腱、肌肉及其他组织的弹性和伸展能力。对于人体的柔韧素质来说,并非是由身体的某个部位来实现的,而是一种需要多方"参与"的综合性素质。下面具体解释一下对于柔韧素质的几个影响因素。

(1)关节的活动幅度。对于人体柔韧素质影响较大的因素在于关节的灵活度。关节活动幅度,是指构成关节的骨骼在其关节结构内,做屈、伸、旋内、旋外和旋转的最大可能范围。决定关节活动幅度的因素为关节解剖面的结构特点、关节周围组织的体积及跨过关节的肌肉、肌腱、韧带等软组织的生理状况。这些因素中但凡有一个方面状况不佳,都会对局部柔韧度甚至整个身体的柔韧度产生消极影响。

(2)肌肉和韧带的伸展性。骨骼、肌肉和关节同属于人体的运动系统,三者之间有着非常紧密的联系。以肌肉为例,它也对身体柔韧素质发挥着作用。肌肉和韧带组织的伸展性是关乎柔韧素质水平的重要因素,不过这同时也要求肌肉和韧带组织也要保持良好的状态,是否拥有良好的状态要视人的性别、年龄和中枢神经系统的兴奋性。为此,在篮球运动前,要做好必要的热身活动,以使肌肉和韧带快速适应运动状态,以此达到提高肌肉的温度、降低肌肉内部的黏滞度的目的,这样身体的柔韧性也逐渐获得了提升,可以应对运动所需且降低运动性损伤的几率。

(3)神经系统对骨骼肌的调节能力。神经系统对骨骼肌的调节能力主要表现在改善主动肌与对抗肌之间的协调关系,以及肌肉收缩与舒张之间的协调关系。这样的调节如果可以到位,那么就可以实现减少由于对抗肌紧张而产生的阻力的目的,而这能够支持身体做出一些幅度较大的动作。

2. 柔韧性素质与体质健康之间的关系

长期参与篮球运动可以促进身体柔韧素质的增强。柔韧素质作为一种身体的综合性素质,身体其他素质对其水平都构成一定的影响,如灵敏素质或力量素质欠佳的话,则柔韧素质的提高也会受到制约。除此之外,柔韧素质还与人体健康之间有一定的联系,主要表现在以下方面。

(1)人体老化程度可通过柔韧性反映出来。在人体的五大身体素质中,柔韧性是反映人体各关节最大活动的能力,它的能力如何直接反应身体的状态,这点对于中老年群体来说格外明显。当人来到中老年阶段,关节、骨骼、肌肉和韧带都容易发生退行性变化,人们很明显会感受到这方面功能的减退,觉得身体柔韧性变差,连带着整体活动能力下降。因此,柔韧性如何就成为了人体老化程度的重要反映。

(2)通过改善柔韧性素质来减少软组织损伤。篮球运动的特点使得其对运动者的身体柔韧素质有较大的促进作用,具体是其技术动作可以拉长肌肉韧带和结缔组织,改善柔韧性。人体在剧烈活动前要与准备活动相结合,通过准备活动提高体温、降低肌肉黏滞性、提高其伸展性,从而减少运动损伤。包括篮球运动员在内的所有运动员在准备开始训练或比赛前都要做足拉伸运动,实际上就是为了更好地激活身体的柔韧度来减少运动过程中可能的软组织损伤情况的发生。

(3)柔韧性素质与腰腿痛有密切的关系。柔韧性通常被认为是体能的一种组成成分而非健康因素。一个健康人能够自由、灵活地做出各种动作,必须要具备基本的柔韧性。腰腿疼痛性疾病是临床上常见的疾病。产生腰腿痛的原因很多,在不考虑外伤引发腰腿痛的情况下,这种情况多是由于慢性劳损、退变和柔韧性素质下降而引起的。当柔韧性素质下降,加上腰椎瞬间过度伸展或旋转时,可破坏腰部平衡,引起腰部肌肉、韧带、关节等组织损伤。为了防止腰腿痛要从改善身体柔韧性素质入手,无论是在体育运动中还是在生活中,都要注意对腰部肌肉、韧带、椎间盘的保护。

3. 篮球运动可以改善身体的柔韧性

篮球是一项非常理想的、对身体全方面素质都有锻炼效果的运动。在篮球运动中的跑、跳、投、传等动作均要全身多部位的协同参与才能高质量完成。另外,由于篮球运动中本队的五名球员在场上司职的位置不同,因此不同的位置会对他们的柔韧素质要求不同。

为了更好地提高柔韧素质以便满足篮球运动的需求,除了要在日常训练中重视柔韧素质训练外,还应在生活中也注重在遵循循序渐进的原则下采取一些简单、有效的动力性或静力性拉伸的方法来练习。为了获得更好的练习效果,应注意将动力性和静力性练习相结合,将主动练习和被动练习相结合。

第三节　篮球运动提高心理素质的价值

一、篮球运动有助于创造良好的情绪体验

对一个人的心理状况的衡量标准有很多,其中情绪状态如何

也是一项。情绪可以反映心理，心理也可以通过情绪来表现出来，两者有着密不可分的联系。一个人的情绪良好，会带动心理产生愉悦感，这时候人的精神普遍表现为积极的、阳光的。相反，如果受到不良情绪的影响，心理上就会产生失落感，人的精神普遍表现为消极的、阴暗的、没有希望的。

通过长期对运动实践进行的研究可知，适当参与包括篮球运动在内的体育运动对缓解人的压力、生成良好情绪以及促进心理健康都有着巨大的作用，运动被人们普遍认为是一种非常良好的负能量发泄渠道。下面就具体对篮球运动创造良好情绪体验的方面进行分析。

（一）篮球运动有助于体验身体运动带来的快感

众所周知，篮球运动是一项给人带来全方面锻炼的球类运动项目，它本身所蕴含的对抗性与娱乐性非常吸引人们的参与，且受众群体的范围广阔，从儿童到中老年群体都能参与其中。对于年龄较小的儿童来说，可以更多参加传球、运球和投篮这种单项技术运动，以使他们对这项运动有更多的了解；青少年可以系统学习篮球技战术和比赛方法，以使他们顺利参加比赛，并从中获得胜利的喜悦或是从失败中获得反思；中老年人参与篮球运动可以适当降低强度和时间，其目的在于通过篮球运动活动身体、延缓身体的衰老速度。各个群体在篮球运动当中都能够激发他们的激情，使他们暂时忘记生活中的负面情绪、完全陶醉在兴奋和快乐之中。而这种体验在日常生活中的其他场合中都是难以获得的，也就是说，社会文明在某种程度上压制了人本性格，而只有通过经历过这种运动体验的人，才能真正享受到身体对抗运动所带来的情绪体验。

（二）篮球运动有助于体验成功和成就感

篮球运动是一项带有十足竞技属性的运动。一场篮球比赛只有胜利与失败两个结果，为此，球队中的每个人都要倾尽自身的力量,在攻防两端做出贡献,力争比赛的胜利。为了获胜,比赛中的球员要付出体能、技战术、心理、意志力等诸多努力来与对方对抗。在付出了大量体力和汗水后获得了比赛的胜利会让人体会到一种浓烈的成功感和成就感。当然,评判一场比赛的胜利不能仅从最终的比分上来看。也就是说,从篮球运动中获得的成功喜悦感除了可以从比赛的胜利中获得外,还可以从发挥出了球队的实力、获得了不小的突破上获得。这种成功体验会让人如痴如醉,久而久之就升级成为一种对成功感的欲求不满,从而共同为球队设定更高的追逐目标。这种成功和成就感的获得能够影响青年人在生活或学习等多个领域积极向上、争取成功的心绪。

（三）篮球运动有助于体验人际交流时的愉悦感

人际交流是指社会话动中,人与人之间进行信息交流和情感沟通的联系过程。人际交流是现代社会生活所必需的,良好的人际交流无论是在生活中还是在工作、学习等方面都能让人更加顺利,可以说,有人的地方就有人际交流。参加篮球运动是一种有助于体验人际交流愉悦感的活动,特别是对价值观、人生观和交友观尚未完全形成的青少年的人际交往能力具有更大的帮助。

篮球运动是一项集体运动,参与者之间不仅仅是简单地接触与交往,还能够增强人与人之间接触和交往的机会。通过队友之间的自然交流,有利于相互之间的进一步沟通,协调人际关系,联络感情,愉悦身心,增加群体的认同感。

二、篮球运动有助于减轻不良的焦虑状态

焦虑,是指对当前或未来的威胁所产生的恐惧和不安而形成的消极情绪状态。焦虑情绪的出现必然是一种不良的心理表现,然而身处在现代社会中的每一个人都难免由于经历了某些事情而产生焦虑。长期处在焦虑状态中会对人的心理健康带来不利影响,甚至还会影响到生理健康。参加篮球运动是一种非常有效的、减轻焦虑心态的方式,这种消极情绪状态持续时间长,将会给

人带来很大的痛苦。而通过参与篮球运动,可以达到适当减轻焦虑状态的作用,其主要体现在如下两个方面。

（一）篮球运动有助于疏导不良的情绪状态

心理学当中有一条"吸引力法则",它揭示的人的心理状态为如果过于思考或关注某项事物,那么与之相关的信息会大量的出现,由此会使人对此事物的进一步发展构成更深入的影响。简单来说就是,如果一个人所吸收的某个方向的能量越多,那么他就能更多注意到这个方向的能量,这个方向,实际上就是正能量或负能量。

篮球运动是一项大多数人们都喜爱的运动项目,通过参加这项运动可以给人们带来身体和心理的双重良好体验,特别是其带给人的良好心理体验,促使人们越发喜爱参与它。对于人的情绪来说,参加篮球运动所获得的愉悦感就是一种正能量情绪,那么越是频繁参与运动,就越能积累这种正情绪,如此就能将人所关注的"吸引力"变为积极的,消极的"吸引力"就会被不断压缩。参与篮球运动不仅有助于宣泄运动者消极的心理能量,而且通过篮球运动所特有的交流形式,经过自然的沟通,可以增进理解,疏导不良的情绪状态,缓解焦虑和抑郁症状。

（二）篮球运动有助于调节紧张的人际关系

人际交往在现代社会对每个人都是不可或缺的,它是一种以个人为对象、彼此联络感情、协调关系、寻求心理需要满足的活动方式和活动过程。人类自古就是群居动物,即便是到了现代社会,这一根本特性也没有改变。正因如此,人际关系在现代社会中依然显得非常重要,甚至成为人们立足社会的一种宝贵资源。篮球运动被公认为是非常有助于调节人际关系的运动。首先,篮球运动作为五人一队的团队项目,它具有明显的团队协作性特点,使参与者在全队训练与比赛过程中必须要进行各种形式的沟通。这就为人们参加篮球运动,提供了队友之间自然接触、自然交流的机会。在这种有利的人际关系调节氛围下,即便是由几名互不相识的人组成的球队,在经过一段时间的比赛后也逐渐彼此熟悉起来,甚至成为了朋友。这种积极的情绪状态无疑可以使人自信、自尊、自豪、自强,并使烦恼、焦虑、抑郁、自卑等不良情绪得以缓解甚至是解除。因此,经常参加篮球运动,有利于调节紧张的人际关系,并且快速建立起新的人际关系,提高了幸福指数,从而其良好的心境也得到了培养。

三、篮球运动有助于塑造健全的人格精神

现代健康观认为真正的健康不仅包括生理上的健康,还包括心理上的健康。对于心理上的健康来说,首要的就是要求人要拥有一个健全的人格,这是心理健康的必要基础。作为以团队模式参与的篮球运动而言,人们参与其中后会有若干积极的心理体验,这些体验有助于人们逐渐建立起健全的人格精神。对这一点的认识可以通过以下两个方面来入手。

（一）篮球运动有助于完善个性心理特征

个性心理特征,是指个体身上表现出的、带有稳定性和经常性的心理特点。如果从宏观上看一场篮球比赛,它是一个团队与团队的对抗,但如果从微观角度上看,它又是个人与个人的对抗。由此就使得球队中的每名球员身上都肩负着责任,要贡献自己的力量给整个团队,必要时还要牺牲个人的利益。这些特点表明,艰难中需要勇气,常态下需要创新,为了应对这些情况,只有个人的性格健全,才能不拘泥于个人的得失,才能从宏观的角度看问题,才敢于冒险和创新,才有可能在复杂困难的条件下坚持与强有力的对手进行顽强的对抗。这种对人个性心理的完善恰恰是通过参与篮球运动所赋予的。

（二）篮球运动有助于提高抗挫折的能力

现代社会中生活的人都或多或少会遇到挫折,面对挫折能否

正确对待、是否有积极的心态,这都依赖于自身的抗挫能力。篮球运动对提高人的抗挫能力有不错的效果,之所以这么说,是基于篮球运动的自身特点所决定的。有统计数据显示,在两支相同级别球队间的比赛中,进攻成功率大约只有 30%~50%,超常发挥的球队可以达到 50% 以上,但也不会超过这个比率太高。相比之下,防守的成功率会高一些。然而不论进攻还是防守,失败是很常见的,如此就形成了一种篮球运动参与者在比赛中不断经历"进攻—失败—再进攻—再失败—积极拼抢—再进攻"的过程。当运动者为了实现取胜的目标而不断努力之时,他们的对手也在奋起直追,频繁被对手超越,比赛局面处于被动,更何况这一切还是在众多观众观看的情况下,其心理压力可想而知。不过,也正是在这反反复复挫折与失败的情景教育中,篮球运动参与者才不断获得磨炼自己、屡败屡战、不断进取的体验和心情,不断提高自己抵抗失败打击的心理承受能力,如此进行下去,必定可以练就出一个可以经受千锤百炼且百折不挠的顽强意志,而这也正是现代社会激烈竞争中对人的一种必然的素质要求。

第四节　篮球运动提高社会适应力的价值

一、篮球运动对社会价值观念的影响

价值是指人的需要与各种事物之间的需求和满足需求的关系。价值观是指客体对主体的一种满足程度,是人们对客观事物有无价值或价值大小的一种根本观点和评价标准。在现实生活中,不同的人很可能对相同的事物产生不同的看法,即产生了不同的价值观。这种情况直白的表现就是同样的事物有些人认为很有价值,有些人则认为毫无意义。人们在认识事物及其属性的基础上,从自身需要出发,确定各种事物的价值大小,从而确定人们活动的价值取向。通过参与篮球运动,可以使人们在运动中获得某种感悟,这种感悟有利于人们重新对社会价值观念进行再

认识。

（一）篮球运动有助于培养创新意识与领导能力

篮球运动技术和战术的不断变化就是不断创新的过程。人们在篮球比赛中对技战术的运用必须随着对手的变化而变化。通过观察进行分析、判断，快速果断地做出行之有效的应答。从运动结构来看，篮球技术中有许多动作是相对固定的，但在实际运用中，由于对手不同，对手做出的反应是不一样的。这就要求人在比赛中要随机应变，在比赛中创造出新的、巧妙的动作以及动作配合。因此，篮球运动既是一个高度协同的全面抗衡，又是一场个人的斗智斗勇。它有利于培养人的良好思维能力、应变能力、创新意识和开拓精神。这种优秀品质不仅表现在运动场上，而且也会迁移到日常的工作、学习和生活中，有利于处在不同阶段的人开拓自身、不断创新的精神。

篮球运动是一项集体运动，也是一项组织严密和协调运作的体育运动。篮球运动战术的发挥，不仅要求运动员具备良好的个人技术，还需要整个团队协同配合、各展所长、顺畅沟通和配合默契。长期参加篮球运动训练，有利于培养青年人的创新意识和开拓精神，有利于培养篮球运动参与者的合作意识和竞争能力，有利于培养人们的沟通意识和组织能力。这些良好的品质可以影响人的价值观念，可以有效提高运动者的管理能力，也可以培养运动者的领导能力。

（二）篮球运动有助于培养合作意识与竞争能力

在现代社会中要想完成一项复杂的工作，单凭一个人的能力是远远不够的。为此，现代社会更加注重两人或两人以上的团队协作，以共同配合来完成工作。合作与竞争一样，是人与人相互作用的基本形式。合作是人类社会生活中常见的现象，这种沟通与合作具有普遍的社会意义，是团队获得胜利的基础。然而与他人合作的能力却不是人人都具备的，或是所具备的合作能力不足以与他人开展顺畅的合作,为此,就需要通过一些途径培养这种能力,篮球运动就是其中一个较好的方法。

篮球运动之所以被认为是一项培养人的合作能力的重要方式,主要还在于其运动中始终充满着竞争与合作。在进攻中,队友之间要通过默契的跑位和传球执行战术,最终成功投篮得分;在防守中,队友之间紧密配合,对对方严防死守,最终成功阻止对方投篮得分。这些在篮球比赛中两三人甚至五个人共同完成的战术配合就是一种合作。在攻防两端战术执行中,即便是没有持球的队员,其跑位和站位也是有实际战术意义的,对最终战术的实现都有所贡献。篮球运动的集体性规律,充分体现在协同配合和团队作风上,个体只有很好地融入集体,整体才能发挥出最大的力量,并为个体更好地发挥打下坚实的基础。

(三)篮球运动有助于培养沟通能力

现代社会中人与人之间的联系非常紧密。在这样的社会环境中,能够培养一个良好的、与他人沟通的意识及恰当的沟通技巧是非常重要的,如此在日后开展学习或工作时才能有大家彼此帮助,拥有好的人际关系,无论做什么事情都能事半功倍。人际关系反映了人与人之间在沟通过程中所获得的心理满足,而人际之间的交流都依赖于人与人之间的沟通。沟通绝不单单是语言的艺术,它还涉及人的沟通行为,好的沟通会让他人感到舒适。

人们在生活中几乎处处都要与他人进行各种各样的沟通,好的沟通会给双方都带来正面的心理满足,而失败的沟通则给双方竖起了一道屏障,隔阂了两个人的内心,构成一种紧张、对抗和敌视的关系。因此,对于沟通能力来说需要在平常有意识地培养,参加篮球运动就是其中一个非常理性的方法。

篮球运动以其团队协作的运动本质和队友之间高度依赖的特点为人与人之间的相互沟通提供了良好的平台。对于篮球比赛来说,大家的共同目标都是获得比赛的胜利,如此就确定了只有团队的目标达成了,个人的目标才能实现,这就要求球队中的每个球员都要与队友进行有效沟通,以此来更好地协调团队的运转。

如今,篮球运动已经成为了我国民众非常喜爱的项目,其知晓率和参与率是其他项目所不能比拟的。而这项运动带给人的更深层次的意义还在于它是人与人、团体与团体、国家与国家之间相互交流的工具,成为建立理解、信任、团结与友谊的桥梁。

二、篮球运动对社会规范行为的影响

(一)篮球运动对社会人行为的规范

篮球运动是一项讲求规则的运动,参与者都要在比赛规则的约束下进行配合与对抗。篮球比赛中贯穿的体育道德精神有助于规范个体行为,从而使人获得对现代社会生活方式的模拟与演练,以培养人们形成健康、文明的社会行为习惯。

1. 篮球竞赛规则使人的社会行为具有约束力

篮球运动中每个个体的行为都要符合篮球规则,所以就要自觉养成遵守规则的行为习惯。体育比赛中常常会发生因情绪过激而导致的暴力事件,这些越轨行为不仅要受到规则的严厉处罚,同时还要受到社会规则和社会公德的谴责,情节严重的还将受到法律的制裁。篮球比赛的特点之一就是对抗激烈,身体碰撞是难免的。每个运动员都应以力争获得球或抢占有利位置为目的,以激励合理的身体对抗,但绝不能为了达到目的而去伤人,或为达目的而采取投机取巧的手段,这不仅违反了篮球规则,更违反了体育道德精神。篮球赛场上不时响起裁判员的"带球走""3秒违例""推人犯规"等哨音,就是在不断地规范运动员在球场上的行为,不断地提醒全体运动员什么动作能做、什么动作不能做、做了哪些违反规则的行为就会得到什么样的处罚。经常参与篮球运动的人在长期"不断提醒与规范行为"的环境中,会逐渐理解与遵守篮球规则,长此以往这种思维会在人身处社会环境中得到潜移默化的影响,即人也越发注重社会行为规范,使得于己、于他人都是非常有利的结果。

2. 体育道德精神对人的社会行为具有影响力

人类的攻击性是人类的本能之一。篮球运动在激烈的对抗中,在满足人的攻击性本能的同时,还设计了一系列人的社会行为的控制器和调节阀,那就是竞赛规则和体育道德精神,从更深的意义上讲,还有文化的约束力,如信仰、伦理、道德等。体育的道德精神和竞赛规则,保证了双方在公平合理的条件下展开攻防对抗,保护健康文明和积极合理的行为,限制粗野动作和不礼貌、不道德的行为。篮球运动发展 100 多年来,经历了几十次的规则修改,篮球规则修改始终围绕着三大主题,即加快比赛节律(提高比赛的观赏性);限制高大队员行为(提倡篮球运动的公平性);限制粗野动作(提倡比赛健康文明)。由此可见,限制粗野动作一直是篮球运动所追求的目标之一。篮球运动员所拥有的众多良好品质都会迁移到日常的工作、学习和生活中,有利于规范人的行为。

(二)篮球运动的对抗性促进良好个性的养成

篮球运动对抗性特点非常明显:第一,表现在攻守双方在阵式上的全队对抗;第二,它表现在攻守双方运动员之间的身体对抗;第三,它表现在攻防双方运动员技战术水平的全面对抗;第四,它表现在运动员心理素质的直接对抗(包括意志品质、团结一致、顽强拼搏和智力竞赛等);第五,它表现在场外教练员团队之间的智力对抗;第六,包括球迷、观众之间的倾向性对抗。以上所有的对抗形式都是正常的,但必须在篮球规则允许的范围内。篮球运动强调竞争与对抗,提倡人的攻击本能在篮球运动中得到充分释放,提倡人的运动天赋在篮球比赛中得到充分展现。

篮球比赛过程错综复杂,这就要求参与者根据形势及时做出正确的判断,是传球、突破或是投篮,都需要在瞬间做出果断决定。当比赛处于僵局阶段,需要参与者根据自己的比赛经验,以及所具有的技能,采取大胆的行动,这就需要一定的冒险精神,敢于冒险、敢于担当;当篮球比赛处于相持阶段,就需要球队发扬团队的协作精神,依靠集体的力量,团结拼搏、齐心协力。篮球运动为参与者个性的发展提供了广阔的演练空间,为塑造自己拼搏进取的人格精神、发展个人健全的个性创造了模拟战场。篮球运动中的这些特点也是现代人格精神的要求,是在现代社会环境中应当具备的个性品质。

(三)篮球运动促进人在社会中的角色分工与顺畅转换

生活在现代社会中的人都具有动物性和社会性两大属性。这里主要说明篮球运动对人的社会属性的影响问题,即具体关注促进人在社会中的角色分工与角色转换。人生活在社会中,必然要扮演一个角色,甚至是多个角色,而能否在多样角色中顺畅转换就成为了人是否能在社会生活中有良好表现和体验的关键。

在篮球运动中,场上的每位球员都有自己相对固定司职的位置。现代篮球比赛中对于位置职责的固定已经越发模糊了,有时中锋也需要拉到外围投三分,后卫也要在篮下背身单打,这是一种场上角色的转变。通过在篮球比赛中担任不同的角色,以及经常出现的角色转移,可以使参与者理解篮球场上角色定位和角色转换的心理体验。这种在球场上的角色转变与现实社会生活中不同角色的转变有着异曲同工之妙,社会角色的定位与角色的转换也是根据社会的需要确定的,它是与人们的某种社会地位和身份相适应的。而如果人的角色改变了,并牵扯到心理层面的改变,这样角色的转变才更彻底,才能更好地应对不同角色的社会活动。经常参加篮球竞赛活动,将有助于个体理解角色的含义,尽快地适应周围环境,并能通过自身的努力,适应不同的社会角色。

三、篮球运动对现代生活方式的影响

随着社会的发展，人们的生活方式也在随之发生着深刻的变化。这是由于社会生活条件对生活方式产生制约影响的效果，如此一来，人们的生活均会或多或少地打上时代的烙印。现代科学技术在为人类提供现代化的工作和生活条件的同时，也给人们带来了更多的心理刺激。一个人如果不能适应快节奏的现代社会生活，就会在生理或心理上出现障碍，最后将导致"现代文明病"的发生与体质的下降，而经常参与篮球运动则可以透过其中的规则和氛围，对人们的生活方式产生深刻的影响。

（一）篮球运动对现代人生活习惯的影响

培养现代人养成良好的生活习惯是我国非常关注的问题，这关系到国家未来的发展。良好的生活习惯不仅能促进个人的身心健康，而且对人的未来发展有着直接的影响。现代人，特别是现代的年轻人普遍精力较为旺盛，他们处于身体成长期和知识成长期的双重阶段，良好的生活习惯是确保顺利度过青春期的重要基础。尽管我国对此进行了广泛的宣传，但很多年轻人的生活习惯还是令人担忧。据有关调查结果显示，目前现代人的生活习惯还存在作息时间不规律、日常饮食不规律、娱乐休闲无节制、纵欲过度以及自我保健意识差等陋习，这些还需要在很长一段时间内加以改正和规范。

经常参加篮球运动的人，白天在运动中消耗了大量的能量，到了晚上睡觉时都会自觉休息，尽快恢复自己的体力；并且注意保证必要的饮食，补充人体必需的能量。篮球运动是一项集体运动，它对团队内每个成员在训练方面是有一定要求的。这些基本要求都有利于规范现代人的作息时间，保证必要的营养等。现代人生活的规律性是保障良好的身体素质的前提。因此，经常参加篮球运动有利于培养人的良好生活习惯。

（二）篮球运动对现代人生活节奏的影响

越发加快的生活节奏已经成为了我国现代化生活的主要特征之一。现代社会给人们带来科学技术和巨大财富的同时，也带来沉重的身心负担。现代社会的高速运转往往会给很多人带来精神压力和身心疲倦，再加上人们被各种污染源和病魔包围，更加给现代人的身心健康带来了威胁。如何适应快节奏的生活始终是人们探寻的问题，而篮球运动无疑是解决上述问题最积极、有效的方式之一。

篮球运动的快节奏有利于提高人们适应环境的能力；篮球运动爱好者充沛的体力和精力，是适应快节奏环境的物质基础；篮球运动的趣味性有利于释放人们的身心压力。越来越多的人已积极投身于篮球运动，他们不愿意仅满足于作为一名篮球比赛的欣赏者，而是期待早日身体力行参与其中，亲身体验"生命在于运动"的真谛。人们从事篮球运动体验到的是身体运动带来的快感，人际交流带来的愉悦，心理沟通带来的满足，文化交流带来的思考与感悟，实现的是现代人的价值观念和文化追求。篮球运动已经成为现代人生活中的一项重要内容。

（三）篮球运动的发展与大众体育传媒之间的相互促进

现代社会完全成为了以信息为主导的信息化社会且这一趋势还会延续下去。在社会中包含的一切事物只有能够满足信息的传递和接收要求，才能更易于宣传、被人们知晓。现如今，体育产业蓬勃发展，其中蕴含了大量商机，与之相伴的就是各种体育传媒的出现，这些传媒为体育运动的传播做出了不小贡献。对于群众基础良好的篮球运动来说，体育传媒易于改变受众行为意向，对培养现代人的健康意识、运动文化修养、积极参加体育健身活动有着很好的导向作用。同时，篮球运动的发展又促进了人们对大众体育传媒的关注与发展，两者之间相辅相成、共同发展。

1. 大众体育传媒拓展了体育文化时空

大众体育媒体对于篮球运动的传播的常见方式有转播体育赛事、播报相关新闻,以及传播各种与篮球运动相关的节目等。这些精彩纷呈的节目一方面满足了观众的文化和娱乐需求,另一方面所传播营造出的"体育信息环境"对人们体育行为、体育意识产生了深刻而广泛的影响。人们通过体育媒体接收到的篮球信息不断充实着自己的"知识库",影响着人们的个体行为,再加上人与人之间的传播,使得篮球运动文化广泛传播开来。

2. 大众体育传媒增强了现代人的参与意识

现代体育传媒对包括篮球运动在内的各种体育信息的传播非常繁多,使得越来越多的体育项目为人们所认识,各种体育项目的规则为人们所知晓,这种传播也激发了人们潜意识中对参与运动的一种渴望,这使得人们越发倾向来到运动场参与运动。事实也证明了,只有更多的人参与到体育运动之中,才能建立一个深厚的全民体育运动基础,才能使体育事业得到可持续发展。

3. 篮球运动的发展促进了大众体育传媒的发展

以现代我国体育的发展情况来看,国人对篮球运动的知晓率和参与率将这项运动的地位推到了较高的位置,甚至在一定程度上推动了大众体育传媒事业的发展。在我国篮球领域中出现了许多影响力较大的球员,如姚明、巴特尔、王治郅和易建联。他们在竞技篮球领域的出色实力带动了国内篮球的进一步发展,当他们加盟到美职篮后更是掀起了一波又一波的篮球风潮,一时间,各个年龄段人士都高度关注篮球赛事,各体育媒体也紧密跟进报道赛事和相关信息。这样不仅推动了中国篮球运动的发展,同时也推动了中国大众体育传媒事业的发展。

第五章　学校篮球运动后备人才培养价值探析

篮球运动后备人才的培养与选拔是实现我国篮球运动可持续发展的重要环节。在大力提倡体育与教育相结合的现代,对于篮球运动后备人才的培养与选拔工作在学校阶段就已开始。为此,本章对这一问题进行研究,以揭示其对篮球运动发展所蕴含的价值。

第一节　篮球运动后备人才选拔的相关研究

一、选材的概念与重要意义

在体育运动领域中,选材是发现优秀运动员苗子的重要环节,其目的在于把先天条件优越、适合从事某项体育运动的人才尽早选拔出来,让他们接受系统的、有目的的运动技能培养,以便激发他们自身的潜力和发展他们的能力,从而让他们在体育运动领域中有所建树。科学预测是选材的核心,而选择稳定、可靠、有效的测试指标又是提高预测效果的基础。

现代体育科技更加丰富了后备人才选拔的技术和手段,这让选拔的准确率大大提升。这点从如今许多体育项目中成名运动员的年龄越来越小的情况上就能看出。

如今,各国在体育运动训练上的方法与手段差异越来越小,各种国际性赛事举办频繁,人们更容易收集到对手的资料。如此一来,一旦出现某项新的技战术,很快就会被其他运动员所了解并最终掌握,这种形式使得要想在技术上保密并长久领先的时代已经一去不复返了。这样的话,运动员个人的先天条件就成为了另一个可以获得优势的方面。再加上现代体育运动所需的后勤保障和投入都非常巨大，能够将先天在某项运动中获得优势的后备人才选拔出来，也是节约体育资源、提高运动员成材率、减少淘汰率的方式，由此可见其意义非常重大。

在我国的业余训练领域和学校体育教育中对于后备人才的选拔方针是"选好苗子，打好基础，系统训练，积极提高"。其中"选好苗子"毋庸置疑是最为重要的，这是做好后面一系列环节的基础，如果没有选到好苗子，后面的训练等培养行为都将是徒劳无益的。

二、选材的理论基础

（一）人体遗传与变异原理

生物的遗传规律目前已广泛运用于运动员选拔工作中。著名学者格拉姆曾经指出："在运动能力的遗传中，具有卓越运动才能的亲代，只要不是极端个体，其子代中有 50% 的人会具有优秀的运动才能，而且还有可能超越亲代个体，亲缘越远，这种可能性越大。"不论从理论还是实践中都已经证明了运动能力的家族化倾向，这点为选拔优秀运动后备人才工作带来了一项可靠的方法，同时也成为选拔的基本理论基础之一。

与此同时，在遗传的同时也存在变异。举例说明，父母双方都是优秀的运动员，但他们的后代运动能力却不甚理想，或是远远无法达到他父母的高度，或是本不具有运动天赋的父母的后代却极具运动天赋。遗传与变异两者辩证统一，为此，在选材中就不能片面地仅通过父母的运动天赋来断定后代一定是优秀运动员。为了使选拔更加准确，还要观察子代在生长发育过程中，在环境与训练作用下所表现出来的运动能力。

对利用遗传规律作为后备人才选拔的方法来说，还需要引入一个遗传度的概念。所谓"遗传度"，是指某一特定性状在变异中遗传因素占多大比例。这个因素主要来自于环境，遗传过程中受环境因素影响越大，遗传度越低，反之，遗传度越高。对于人体的遗传来说,不同的能力其遗传度不同。在利用遗传理论选材时,务必要保证所选择的遗传度高的性状要与运动项目所需紧密结合,对具有这种性状的人要从严挑选。而对那些与运动相关但紧密程度一般的遗传性状可以适当从宽选择,但在该性状发展的"敏感期",也应适当从严。

还有一点需要注意的是,在利用遗传理论进行选材的过程中要注意发现家系调查与体格检查中是否存在有遗传病。如果发现存在遗传病,且这种病症在未来的发病几率较高及对运动生涯有较大影响,则需要谨慎选择。

(二)青少年生长发育规律

对于选拔篮球运动后备人才来说还有一条需要遵循的规律,那就是青少年的生长发育规律。这一规律涉及的具体内容包括运动员的身体形态、生理机能、身体素质、心理素质、智力因素等。

总的来看,人的生长发育并不是呈现出一个等速上升的状态的,特别是对于正处学龄期的儿童或青少年来说,他们的身体发育有着明显的阶段性和不平衡性。就生长周期规律来说,存在有两次突增期,第一次突增期在两岁之前,第二次突增期出现在青春期。身体在这两个周期中的生长发育部位各不相同,在第一次突增期间,大脑优先发育,而在第二次突增期间,下肢发育的速度明显更快,然后是四肢和躯干的发育。而对于身体的其他组织或系统来说,神经系统的发育获得了优先级。其他心血管、呼吸、消化、肌肉、骨骼等系统,均随两次突增期而成熟、完善起来,只是在最后成熟时间上存在差异。这几项系统功能的发育对体育运动后备人才的选拔来说极为重要,因此要给予格外关注。

三、选材的内容

(一)身体形态

在对身体形态的选材过程中要注意在合理条件下形成篮球

运动员特有的体型。就影响人体体型的基因来说,其许多属于多基因遗传,且遗传度都较高(如身高遗传度为男 75%、女 92%),因此,这些特点的遗传应格外受到关注。

现代篮球运动员身体形态的特点普遍表现为高大、强壮。为此,在选材阶段时就要注意选择那些身材高大、身体匀称、四肢长、手大、五指长且能分得开、肩宽、胸廓大、臀部小且上翘、肌肉线条清楚、皮下脂肪少、跟腱长而清晰、踝关节细的运动员。

现代篮球比赛中对阵的双方采取的一切技战术行为都是为了在时间和空间的争夺中占据优势,身高较高、身体强壮的运动员无疑在对抗中可以获得优势,这种优势最终会在时间与空间的对抗中突出表现出来。因此也就使得对篮球后备人才的未来身高的预测是篮球选材中非常重要的环节。对身高的预测较为常用的方法有从父母身高预测其子女身高法、从个人当年身高预测未来身高法、从身体各环节的发育(如足长、头型等)估计未来身高法、利用青春期预测少年未来身高法等几种。为了提高预测的准确性,应采用综合测算与连续测算结合的方式,以此力求减小预测失败的几率。

（二）生理机能

人的生理机能普遍具有较大的发展潜力,但是否能够最终完全开发出来还要依赖于身体的发育情况以及后天的训练情况。人的生理机能状况对于篮球后备人才选拔的重要性在于其发育的最终程度,并且这直接关系到运动素质的发展和运动水平的最终表现。为此,在进行选材时,就需要对运动员与篮球运动关联最紧密的生理、生化机能水平做好测定与评价工作,其结果是判断日后该运动员能否成为优秀运动员的关键之一。下面具体分析不同系统功能的重点选材指标。

（1）肌肉情况可按生长发育过程中的特点与规律进行评价。

（2）骨骼情况可按《中国人手腕骨发育标准－CHN 法》或《手腕骨发育 X 线图谱》进行评价。

（3）神经系统选材的指标为神经类型与反应时。

（4）呼吸系统选材指标为呼吸频率、肺活量与最大摄氧量。

（5）循环系统选材指标为心率、血压、心功指数与血红蛋白。

（6）感官功能选材指标为视力、视野与听力。

（7）内分泌系统选材指标为性激素水平，尤其是睾酮水平。

（三）运动素质

运动素质是指人体在运动过程中所表现出来的速度、力量、耐力、灵敏、柔韧等能力。对于篮球运动来说，运动素质是掌握篮球技战术的基础，同时它也是反映与该素质密切相关的机能水平的另一个方面。鉴于此，就使得其是后备人才选拔过程中需要关注的一项内容。

力量素质对篮球运动来说非常重要。以用力性质为依据可将之分为静力肌力与动力肌力，篮球运动中运动员的爆发力就属于动力肌力的一种。对于力量素质的测评方式为纵跳摸高和立定跳远。

速度素质对篮球运动来说非常重要。速度素质的表现形式多样，包括动作速度、动作速率、反应速度和位移速度等。对于速度素质的测评主要以测试运动员的位移速度为主，方式为测量30米或100米跑的速度。在选拔时要特别关注那些天生跑步为高步频的运动员。

耐力素质对篮球运动来说较为重要。对于耐力素质的测评方式有定距离计时跑（如1 500米）、定时计距离跑（如12分钟跑）和负荷测定（如库尔克法）。

柔韧素质对众多篮球技术的完成起到精修和调整作用，以使运动员即使在受迫情况下也能采用不规范的动作完成技术目标，也就是人们常说的"高级动作"或"灵感动作"。对于柔韧素质的测评方式主要有踝关节屈伸、体前后屈、俯卧肩臂上抬等。

灵敏是一项综合性素质，这意味着实现运动员的灵敏素质需要依靠多方面机能的协同完成。对于灵敏素质的测评分方式有十字变向折返跑、立卧撑、十字跳等。

(四)心理素质

对于许多体育运动来说,心理素质水平在关键时刻能够决定比赛的走势,它是一种运动员的软实力。篮球运动对于运动员的心理素质有着较高的要求,这主要是因为篮球运动节奏快、对抗强的特点所决定的。在快速的攻防转换中,机会稍纵即逝,当面对机会时做出技术动作几乎都在有干扰的情况下进行的,还有在关键时刻的罚球,等等。这些都需要运动员有过硬的心理素质才能稳定发挥技术。鉴于心理素质对篮球运动的重要性,现代篮球运动训练中都会安排一些心理训练的内容,而心理素质也成了篮球运动员选材的重要条件。心理素质有很大遗传度,即使后天进行一些有针对性地训练也难有大幅度的改变,故初选时应尤其重视这点。

对于心理素质方面的选材来说,主要应从心理过程与个性心理特征两方面考虑。心理过程包括感知觉能力、记忆力、注意力、思维能力、情感、意志等,个性心理特征包括兴趣、性格、气质等。对这些元素的选择应该兼顾一般运动心理和篮球专项运动心理。这一选择常用的指标为反应时,包括对声、光的反应时以及对时间、空间的反应时,还有神经类型以及个性。

(五)智力因素

智力是大脑解决遇到的事物问题的能力。运动员面对的篮球比赛是一项非常复杂的事物,只有具备良好的智力水平,才能在比赛中和对方的智力对抗中占据优势。对于现代体育运动来说,选材时一味注重身体素质、忽视运动员的智力因素的话,最终会降低整个球队的软实力,给比赛带来困难,即人们常说的"比赛打得不够聪明"。

对于后备人才选拔所关注的智力因素来说,要与篮球运动的特点紧密结合。这里所谓的"智力"绝不是文化课的成绩这么简单,而是要以动作智能为主。选拔步骤主要有两步:一个是用韦氏智力量表测得运动员的智商;另一个是测试篮球专项智力水平,如球感、模仿、接受能力和技术运用能力等。

四、选材的工作步骤与方法

篮球后备人才最终成长为一名优秀篮球运动员并非易事,它有着成才周期长、层次多、淘汰率高的特点。单单就选材来说,这就是一个长期的过程。一般的选材工作采用在初选基础上进行训练、多年跟踪观察、多次筛选培育成才的方法。我国篮球运动员选材是通过体育与教育两大系统的多级训练网进行的,其中主要包括四个具体阶段。

第一阶段:测量与观察小学一、二年级的学生,在课余时间组织对篮球感兴趣并且有较好条件的儿童训练,为日后下一阶段的选材打好基础。

第二阶段:选拔部分条件合格的儿童到一般业余体校篮球班或篮球传统项目学校进行全面基础训练,并对其做进一步观察,对相关表现进行记录和整理。

第三阶段:在对后备人才进行综合测试后,选拔其中进步快、条件好、有潜力的学生进入体育运动学校或重点业余体校及篮球试点学校进行系统的发展性训练。

第四阶段:在经历了长期系统训练后,观察学生在同龄段高水平比赛中的表现,按选材标准全面测试,综合评定,挑选技战术水平拔尖、身体条件出色、心理素质、智能水平都较高的人才,将他们输送到青年队或高水平的大学篮球队进一步提升。

五、篮球运动员选材应注意的问题

(一)选材指标要反映篮球运动的特点

当前世界篮球运动的发展趋势揭示了运动员的身高仍旧朝着更高的方向前行,这就需要在选材过程中仍要将身高这一指标放在重中之重的地位。当然,一味地追求身高对于篮球运动实践来说也是不可取的。只有身高而没有发达的肌肉,当在面对身体对抗时也不会完全占据优势,并且太高的身高还会影响运动员身体的灵活性。为此,现代运动员选材又引入了一个去脂体重的指标,其目的就是想把运动员的身体形态训练得既高大又强壮,既有力而又不笨拙。

就身体机能项目的选材来说,目前采用了心动指数、最大摄氧量和血乳酸三项指标。这三项指标的选择主要是基于我国运动员难以经受频繁攻防转换所受到的强度冲击,如此就会出现在激烈的对抗中体能消耗快、技战术执行质量降低等情况。为此,在选材和训练环节,就要提高运动员的心肺功能和无氧代谢水平。

为了使运动素质和专项技术的选材指标也能反映出篮球运动的特点,在选材时要遵循训练和比赛的规律。需要说明的是,教练员的经验和他们感受到的运动员的情况在这个测评的过程中显得非常重要,这会使选材工作做得更加客观和实用。

(二)注意选择"遗传度大""可塑性小"的指标

人体的一切外在表现都是遗传基因和环境因素相互作用的结果。其中有些性状的获得更多来自于遗传因素,这些性状受后天因素的改变几率不大,而那些容易受后天因素影响而发生改变的性状则具有较大的可塑性。为了估计遗传(和环境)对人体某种性状表现所起作用的大小和比重,一般用百分比来表示,这种量值就叫作性状遗传度。遗传度值的大小表明该性状受遗传因素和后天因素影响比例的多少。

基于上述理论,在对篮球运动后备人才的选拔中,就要格外注意那些遗传度大且可塑性小的性状,因为这些优势性状在其发展的"敏感期"内会得到训练环境的诱发和促进,从而为其运动成绩的提高和达到预定目标打下坚实的基础。但随年龄和训练时间的增长,可塑性大的因素对其成绩的提高变得越来越重要,并关系到能否达到高目标。所以,对层次较高、训练年限较长的候选者,应逐步向遗传度小、后天影响大的选材指标转移,如此不仅符合人体的发育规律,同时也符合包括篮球运动在内的多项体育运动训练的发展规律。

第二节　篮球运动后备人才培养的现状研究

一、我国现行体育后备人才培养

目前,有许多专家学者都对我国体育后备人才培养现状的问题进行了诸多研究,下面就具体列举几位有代表性的研究观点。

俞继英等在《我国竞技体育后备人才培养现状和出路》(2001)中就我国目前竞技人才培养现状指出,目前我国竞技体育后备人才培养模式是计划经济与市场经济的"混合式"。既带有计划经济的余热,又蕴藏着市场经济的潜能,是一种转轨时期的特殊模式,而这种模式还将会存在一个时期。从后备人才培养的总体来看,主要是"政府为主,市场为辅"的模式,这与市场经济发达的国家相比还有较大的差距。但是,可喜的是这种模式开始被打破,有些地区或项目已经开始尝试"以市场为主,政府为辅"的培养模式,如足球、篮球等项目。这种模式仍处在探索和起步阶段,还没有形成后备人才培养的主流。①

钟秉枢等的《社会转型期我国竞技体育后备人才培养及其可持续发展》(2003)一书中指出,新中国成立以来,我国竞技体育后备人才的培养经历了一个由"业余竞技体制"向"专业竞技体制"转变,再由"专业竞技体制"向"专业竞技体制、业余竞技体制、职

---

① 俞继英. 我国竞技体育后备人才培养现状和出路[A]. 国家体育总局. 战略抉择——2001 年全国体育发展战略研讨会文集[C]. 内部交流,2001:202-220.

业竞技体制等多种培养体制并存"转变的历程。[①]

李同彦等人在《我国篮球青少年后备人才培养现状的调查研究》(2007)中指出,我国目前篮球后备人才培养的主要途径有两种:一种是分属体育系统的体育运动学校(包括体育学院的竞技体育运动学校、官办篮球学校)、重点业余体校和普通业余体校构成的"三级训练网",这是我国优秀篮球后备人才培养的主渠道;另一种是由分属教育系统的体育后备人才试点中学、篮球传统项目学校、中小学校篮球队构成的"校园训练网",还有各职业俱乐部的三线队、民办或民办公助的青少年篮球俱乐部、篮球学校等"民间训练网"。[②]

杨忆南在其硕士毕业论文《对河北省中学篮球后备人才(13~17岁)现状调查及发展对策研究》(2008)中总结我国现行的竞技体育人才培养体制主要有以下几种形式:(1)体育系统自办的运动技术学院或进修学院以及体育运动技术学校,大部分二、三线篮球运动员由这类学校培养;(2)由省市体委主办的普通中专,即业余训练层次的体育运动学校,以及部分中、小学生篮球传统学校;(3)部分高校招收的高水平运动员,主要是从省市体校和部分一、二线退役运动员中选拔的运动员和普通中学的尖子运动员;(4)靠社会力量办学的新兴篮球学校。[③]

二、对我国青少年业余训练体系的研究

徐锋在《学校课余训练水平不高问题何在》(2001)中指出,如何定位值得思考,教练员水平亟待提高、学训矛盾较为突出、管理者重视不够、经费不足等问题都制约着课余训练的发展,使我国

---

① 钟秉枢,梁栋,于立贤,潘迎旭. 社会转型期我国竞技体育后备人才培养及其可持续发展[M]. 北京:北京体育大学出版社,2003.

② 李同彦等. 我国篮球青少年后备人才培养现状的调查研究[J]. 成都体育学院学报,2007(3):67-69.

③ 杨忆南. 对河北省中学篮球后备人才(13~17岁)现状调查及发展对策研究[D]. 石家庄:河北师范大学,2008.

的课余训练处于相对的低级水平,远远没有发挥其应有的作用。[①]

前国家教委体卫艺司副司长曲宗湖先生在《按照教育和竞技的规律抓好课余训练工作》(1996)中提出,提高教练员水平;按竞技和教育规律培养竞技人才;两手同时抓,普及与提高结合;充分发挥体协作用,增强课余训练活力的设想。[②]

曲宗湖先生在《2000 年中国学校体育和卫生发展战略研究》(1997)中,对我国学校业余训练的状况进行了较为深刻的研究,认为,以学校体育代表队为依托,体育传统项目学校和试点校是目前我国学校课余体育训练的两种基本组织形式。我国的学校课余训练存在着经费不足、训练时间不足、参训学生数量少、训练水平低、教练员数量不足、质量不高等问题。[③]

高学峰的《我国中小学课余训练发展态势探析》(1993)分析了我国学校现行课余训练体系存在的种种不足,预测今后几年的发展态势:我国学校课余训练在较长时期内依然呈不平衡特征;体教"联姻"或"二合一"将成为我国学校课余训练向新体制转换的过渡形式之一;课余训练社会化是适应社会主义市场经济条件下学校课余训练体系的必然发展趋势。[④]

刘绍曾先生曾在《对我国学校课余训练现状的思考》(1998)一文中,对我国 18 个省、市、自治区的 18066 所学校开展业余训练的现状进行调查后,提出"用辩证唯物主义观点和系统论原理指导学校课余训练工作;建设有中国特色的课余训练体系;制定规划,全面提高学校课余体育训练质量;随着改革的深入和社会

---

① 徐锋. 学校课余训练水平不高问题何在[J]. 中国学校体育,2001(1):37.

② 曲宗湖. 按照教育和竞技的规律抓好课余训练工作[J]. 中国学校体育,1996(1):58-59.

③ 曲宗湖等. 2000 年中国学校体育和卫生发展战略研究[J]. 北京体育师范学院学报,1997,9(3):17-30.

④ 高学峰. 我国中小学课余训练现状及发展态势探析[J]. 武汉体育学院学报,1993(4):18-22.

的发展,应为学校课余体育训练提供越来越好的条件"①等对学校课余训练的思考。

曾小武等人的《我国竞技体育学校的竞技效益与对策》(1998)一文中对国家体委直属6所体育学校与竞技运动学校的竞技效益进行研究,认为在市场经济条件下,提高竞技效益的措施有:广泛筹集资金,拓宽办学渠道,调整办学规模,提高办学效益;加快竞技制度改革;挑战项目分布;充分利用体院的综合优势;建立适合市场经济的激励机制。②

三、我国篮球后备人才培养存在问题

赵晶等在《我国少年甲组男篮特高队员专项身体素质与基本技术现状及对策研究(2000)中对1999年5月参加全国少年甲组男篮比赛的28名特高运动员的身体素质和基本技术状况进行了研究,认为我国青少年特高篮球运动员存在着人数少、参训年龄晚、身体形态不够匀称、过早出现损伤、专项耐力差、技术运用单调等不足。提出了完善少年阶段的竞赛体制、拓宽少年阶段的人才培养渠道、形成系统的人才管理体制等改革设想。③

武国政、王惠林和吴强老师的《对我国少年篮球运动员基本技术和身体素质现状分析及发展对策研究》(2000)一文指出,自1990年开始执行《全国教学训练大纲》以来,我国少年篮球运动员的各项技术、素质指标有所提高,技术成绩高于达标成绩,基本符合《大纲》规定的标准。从总的情况看,与《大纲》要求还有一定距离,各地区发展不均衡,各队差异较大。少年篮球运动员应加强基本技术训练,包括正确认识三个概念,即技术动作、技术、组合

---

① 刘绍曾. 对我国学校课余训练现状的思考[J]. 北京体育大学学报. 1998,21(4):48-51.

② 曾小武等. 我国竞技体育运动学校的竞技效益与对策[J]. 上海体育学院学报. 1998,22(5):1-9.

③ 赵晶,闫育东,武国政. 我国少年甲组男子篮球特高运动员专项身体素质与基本技术现状及对策研究[J]. 中国体育科技,2000(11):23-26.

技术;正确处理篮球技术中技术动作的规格和应变、脚步动作,协调用力与合理放松,稳定与机动耐力与速度变化几个共性问题;科学合理地选择练习方法,克服对技术动作规格研究不细、基本功不扎实、教练员要求不严、缺乏耐心、练习方法缺乏系统性、科学性差、错误未能及时纠正以及形成错误动作定型、缺乏战术背景下与位置技术结合的对抗性练习与实战应用、未能有意识地培养个人特点和绝招等不足。①

姜明等在《中国篮球后备力量培养的建议》(2002)一文中指出,后备人才的培养是竞技体育发展的战略问题,仅仅抓几个重点少年业余体校或青少年专业队伍无法摆脱人才紧缺的现状。只有紧紧抓住小学生这个竞技体育后备人才培养的最大群体,早起步、早打基础,才能不间断地辈出人才。②

汪伟信在《中美篮球文化比较研究》(1997)一文中从两国传统文化对篮球运动的影响这一角度进行研究,认为中国长期受孔、孟等儒家"凡事忍让为先"的思想影响,强调"静"。而美国则长期受个人主义思想影响,强调个人奋斗,以"动"为主,两相比较,美国传统文化的影响更利于篮球运动的发展。上述专家从不同的角度对篮球后备人才的培养进行研究,这对于我国整个体育事业的发展无疑将起到很大促进作用。但我们不难发现,这些文章大都围绕我国自身培养现状进行研究,对于我国与其他国家的比较相当少,主要原因可能还是国外篮球后备人才培养的资料相对比较缺乏。③

张宏成、魏磊在《构建我国篮球后备人才文化教育体系的理论思考》(2003)一文中提到,国内现存的办学名目多种多样,有全日制的中小学教育,也有以运动训练为主的体育学校教育,甚至

① 武国政,王惠林,吴强. 对我国少年篮球运动员基本技术和身体素质现状分析及发展对策研究[J]. 中国体育科技,2000(5):42-44.

② 姜明,鞠洪卫. 中国篮球后备力量培养的建议[J]. 西安体育学院学报,2002(2):2.

③ 汪伟信. 中美篮球文化比较研究[J]. 沈阳体育学院学报,1997(3):5-7.

还有成人的职业技术教育等,大多都以教育系统和体育部门两家主管部门为主,使得运动员的流动性较大,这样不仅对他们今后的社会就业安置有一定影响,也对培养我国篮球后备人才产生了直接的影响。因此,体育与教育之间的矛盾已经成为我国竞技体育发展的绊脚石,严重限制了我国篮球后备人才的培养。由于目前运动员的培养体制存在较大的局限性,影响了运动员学习科学文化知识,以及高投入、低产出的淘汰体制使得大量运动员在离开专业队以后,面临着接受再教育和社会就业安置等方面的困难。这种模式存在的弊端之一就是运动员的就业意识与目前社会的就业需要已经相背离。计划经济时期,政府对于退役后的运动员安排其就业,而在转型时期,有一定科学文化知识和专业技能的人才是社会所需要和接纳的。从目前高校招收运动员的趋势来看,对于高水平运动员文化基础的要求在不断提高。可以想象,不久以后大学生运动员将逐渐替代运动员大学生。这就使那些文化基础差的学生不论在升学方面还是在就业方面都将面临越来越大的压力。①

潘迎旭、钟秉枢在《我国竞技体育后备人才培养可持续发展理论分析》(2004)一文中指出:随着我国社会转型的不断深化,竞技体育后备人才培养的可持续发展成为制约我国竞技体育进一步发展的关键,详细地分析了影响我国竞技体育后备人才可持续发展的主要因素:竞技能力及潜力、科学文化素养、健全人格塑造以及三者之间的因果关系。②

张丹在其硕士毕业论文《我国竞技篮球后备人才培养体系的研究》(2008)中指出我国竞技篮球后备人才培养体系的影响因素主要包括:体育体制与教育体制不协调、政策上对大项目的冷落、赛制管理的不健全等政策与制度因素;我国社会经济发展水平的

---

① 张宏成,魏磊. 构建我国篮球后备人才文化教育体系的理论思考[J]. 体育文化导刊,2003(11):15-16.

② 潘迎旭,钟秉枢. 我国竞技体育后备人才培养可持续发展理论分析[J]. 首都体育学院学报,2004,16(4):24-25.

限制、资金投入不够、训练条件不高等经济因素;教练员文化理论方面不足、事业心责任感不强等教练员因素;竞技篮球基层水平不高、家长的反对、运动员个人意愿不强等观念因素和以教练员经验为主的选材因素等。我国竞技篮球后备人才培养方式与途径存在以下问题:运动员体教结合问题尚未解决,后备人才发展受到制约;体校体制逐渐萎缩,可持续发展空间受限;教育系统训练资源短缺,中小学训练氛围淡薄,难以建立后备人才培养体系;缺乏完善的体制保障。[①]

金晨在其硕士毕业论文《中国与俄罗斯篮球后备人才培养中主要因素的比较研究》(2004)中通过研究得出以下结论:(1)现阶段影响我国篮球后备力量培养的主要因素有七个:培养体制、教练员、训练衔接、赛制、选材、输送、物质保障;(2)中国没有建立起符合篮球竞技运动人才成长规律的"金字塔"型的篮球后备人才培养体系;(3)中国篮球竞技后备人才融资渠道偏窄,基层管理人员筹资能力不够;(4)中国群众体育与竞技体育的关系混乱,国家体育总局与国家教育部在实施素质教育与培养特长人才的职责不明确,不能保证青少年按照一条正确的、适合人体自身发展规律的路线成长;(5)中国篮球后备人才培养中选材过程时间短,缺乏把那些在某一年龄阶段各方面检查结果都很理想而最后都不能达到预期成绩的学生区分出来的方法,选材和输送过程中阻力过大,"队员流动"不通畅;(6)中国对初选合格的运动员没有提供优惠的政策,篮球后备人才培养中运动员学习与训练的矛盾无法解决;(7)中国教练员技术等级称号终身制,教练员待遇偏低,教练员学历和运动经历偏低;(8)中国篮球后备人才培养中赛制形式单一,比赛场次太少,运动员没有更多的锻炼机会,减弱了实战能力;(9)中国篮球后备人才培养中各单位之间关系复杂,教练员

---

① 张丹. 我国竞技篮球后备人才培养体系的研究[D]. 武汉:武汉体育学院, 2008.

对大纲的执行不一,使训练难以衔接。[①]

　　车传勇在其硕士毕业论文《黑龙江省中学"体教结合"培养篮球后备力量的研究》(2004)中指出,培养篮球后备人才存在的问题有:(1)教练员运动经历普遍不足,继续学习和接受教练员培训的机会较少以及过重的教学任务,使得知识、智能型的教练员队伍难以形成从而影响到训练质量的提高;(2)传统校学生开始练习篮球的时间晚、起点低、从事篮球专业训练年限较短,运动员运动等级较低、技术水平普遍不高;(3)竞赛制度不尽合理,篮球传统校比赛少,比赛的水平、质量不够高,竞赛制度和赛事安排不尽科学、合理,使得竞赛的杠杆作用难以发挥,这在一定程度上阻碍了球队水平的提高和向更高层次发展;(4)管理机制不畅,一方面教育行政主管部门和各级体育局的篮管中心没有发挥其宏观调控的管理职能,仅局限于一年一度赛事的组织和安排,缺乏具体发展措施和制定相应的政策、法规、制度等配套措施;另一方面,学校内部对传统校运动员的培养和管理还没有形成体系,管理制度不够健全,学校作为育人的摇篮,培养高水平运动员只处于起步阶段的从属地位,而没有将他们摆在重点发展的位置上;(5)球队经费严重不足,经费来源主要以学校投资为主,方式过于单一,学校不堪重负,使得球队只能处于维持阶段,发展较缓慢。[②]

　　吴业锦在其硕士毕业论文《转型期山东省篮球后备人才培养状况及对策研究》(2006)中根据我国篮球后备人才培养的要求和山东省篮球后备力量培养的现状,在逻辑分析的基础上列出若干项影响山东省篮球后备人才培养的主要因素。其中,管理制度被教练员和管理人员认为是制约当前山东省篮球后备人才培养的首要因素,达到了81.5%,其次是学习与训练的矛盾和资金投入不足,分别占73.8%和69.2%。教练员水平不高和篮球主管部

---

　　①　金晨.中国与俄罗斯篮球后备人才培养中主要因素的比较研究[D].北京:北京体育大学,2004.

　　②　车传勇.黑龙江省中学"体教结合"培养篮球后备力量的研究[D].北京:北京体育大学,2004.

门对青少年的关注程度不够等也是制约山东省篮球后备人才培养和发展的重要因素。①

闫军等在《我国篮球后备人才培养体制改革研究》(2009)一文中指出,我国篮球后备人才培养"三级训练网"的体制带来了种种好处,但是也存在一系列的问题。例如,投资渠道单一,供需矛盾加剧;体教脱节,制度优势逐渐丧失;各地区、梯队发展不平衡,是当前后备人才培养的一个突出问题。②

刘雄军、熊茂湘在《我国体育系统篮球后备人才队伍发展动态的研究》(2009)通过具体的数据分析指出:(1)我国体育系统篮球一、二、三线运动员数量结构失衡,随着中小学篮球项目的发展,体育系统三线在训规模逐年萎缩,部分省(区、市)总体训练规模减小。随着大学篮球与职业篮球的发展,后备人才跨区域、跨行业流动较大,优秀运动员学历结构逐年得以改善;(2)我国体育系统篮球一、二、三线教练员数量结构失衡,业余训练资源匮乏导致三线教练员流失严重,近年来教练员学历与职称结构逐年得以改善;(3)"教练员与运动员之比"逐年递减,二者比例严重失衡。③

第三节　篮球运动后备人才培养的对策研究

一、建立新型篮球人才培养体系框架

目前,对我国篮球运动后备人才培养体系的构建要秉承"面向世界,面向未来,面向现代化"的思想。新体系的建设是面向现代和未来的新型培养模式,这是对过去培养体系的一种全面性改

---

① 吴业锦. 转型期山东省篮球后备人才培养状况及对策研究[D]. 北京:北京体育大学,2006.

② 闫军等. 我国篮球后备人才培养体制改革研究[J]. 山东体育学院学报,2009 (2):37-39.

③ 刘雄军,熊茂湘. 我国体育系统篮球后备人才队伍发展动态的研究[J]. 体育科学,2009(3):74-78.

良。在这个新型的体系中,其子系统包含培养途径、培养形式、训练原则以及人才选拔、使用与交流等诸多方面,这些子系统之间也是存在紧密联系的,它们共同发挥各自功能,最终实现整个体系目标的达成。

(一)建立从学校到职业队为渠道的培养途径

我国原有的体育培养体制中,对于篮球人才培养的途径主要有两条:一条是"少年篮球—青年篮球队—成年篮球队";另一条是"小学—体育专业学校—体育高等学校"。这两条培养渠道统称为"垂直双轨制"。

这种培养途径从实际当中来看,的确为我国篮球运动的发展做出过一定贡献,在这样的渠道中涌现出了一批优秀篮球运动人才。不过仔细来看不难发现,这种培养体制是以运动队为渠道的垂直运行体制,其自身带有培养渠道单一、政府投入有限、人才培养规模小、运动员文化水平偏低、职业再选择的机会少等局限。从现代体育运动的发展来看,这种培养体制显然已经不能适应时代了,从而构建新的育才途径成为必然。

在借鉴国际上培养篮球后备人才的成功经验以及结合我国国情之后,新建立的培养体系中的培养途径主要有如下特征。

(1)将学校系统作为培养主渠道。转变传统体制中"篮校—运动队"培养渠道为"学校—职业队"渠道,这种转变的优势在于能够充分利用小学、中学和大学的学校体育资源,有利于提高后备人才的各方面素质,是一种典型的体教结合的运动员培养渠道。

(2)多渠道并举。建立多样化的篮球后备人才培养渠道,对拥有不同篮球运动天赋和潜能的青少年通过不同的渠道向上输送,如此让学校中篮球爱好者或运动员无后顾之忧,从哪个渠道上升完全凭借自身的能力决定,这样使后备人才的运动生涯有多种选择,即便不再想从事篮球运动,也可选择其他职业就业或进入更高级的学校继续深造。

（3）多层次。"基础教育—专业训练"或"大学教育—职业俱乐部运动队"是后备人才培养的两大层次。每种层次中还存在有数量众多的培养训练环节，如小学小篮球比赛，全国、省、市、县中学生篮球联赛，各级别的三人篮球赛，中国大学生篮球联赛（CU-BA）等。

（4）多元参与。原有的培养体制运转对政府投入非常依赖，在实际培养当中难免有捉襟见肘之感。为了能够弥补这方面的不足，应力求增加更多的社会参与，将篮球后备人才培养变为由政府、社会团体、企业、个人多种实体共同参与的人才培养事业。如果能将更多社会资源投入到篮球运动后备人才的培养之中的话，那么培养活动无疑会得到更多支持且培养质量也能进一步提升。

（二）建立以赛促练、赛练结合的培养形式

在传统后备人才培养体制中，专业化训练无疑是最主要的技能提升手段。不过，这种单一地依靠训练的方式所传授的技能也有不少缺陷，具体体现为球员训练多、比赛少。对学校篮球运动而言，学校一年中举办较为系统和正式的篮球赛事较少，即便组织了所谓的"正式比赛"，赛制规模也不大，比赛场次较少，远远不足以满足运动员对比赛经验积累的需求。再有一个缺陷就是过多的专业训练必然占据了后备人才学习文化课的时间，文化课的缺失会影响运动员智力的发展，日后在从事篮球运动时表现为球商不足。而新体系中的培养形式同培养途径相适应、相配套，其主要特点有以下两个方面。

（1）创造学习和深造的机会。中小学是培育体育苗子的重要基地。在基础教育中，青少年篮球爱好者既能全面系统地接受普及教育，又能在业余篮校、体校进行篮球技战术训练，还能通过参加中小学篮球队进行训练和比赛，这种培养形式非常有利于后备人才获得扎实的基础。在基础教育之后，后备人才可以对打球或上学的先后顺序有所选择。新体系还要求，即便是投入到训练之中,期间也要安排必要的运动理论学习时间,结合实战和训练过程的经验教训,进行针对性学习,如此实现学、赛、练相结合的目标。

(2)培养形式的多样化。一是要将不同级别的比赛与不同层次的训练和学习结合起来,具体为将中小学通过县级、省市级、全国级的比赛,把学、赛、练结合起来;二是根据不同情况和需要,设计不同的训练计划,这个计划的设计要确保形式多样、内容丰富。

(三)建立开放而规范的人才选拔、聘用、交流机制

在传统培养体制的管理下,篮球运动人才归属于省、市的"地区和部门所有制""单位所有制",这种模式有一个弊端在于身处其中的运动员难以在不同单位中流动。人才的选拔一般是靠自下而上的推荐和自上而下的选材,推荐者一般是体校、单位,或基层体育官员、启蒙教师,选材者一般是运动队教练或体育专业人员。在如此选材形式中,对于运动人才的选拔更多依赖于教练的主观思维,这在一定程度上就有违公平的原则,私下里也存在暗箱操作的空间。这种体制的局限性在于压制了人才的快速成长,同时也大大降低了人才选拔的准确性和人才的成才率。

新体系应与国际篮球的职业化趋势接轨,并且负荷我国篮球市场的发展现状,对人才进行科学选拔和合同聘用制。

(1)科学选拔。科学选拔要与"学校—职业队"的培养途径相配套,选材主体一是学校的体育机构或体育教师群体,二是职业俱乐部运动队。选材的对象要面向全体学生,其中特别要关注那些对篮球运动有着浓厚兴趣且身体条件出色的学生,对职业俱乐部球员来说,是面向青少年"新苗""新手"的。由于普及面宽,选材面也相当广——中小学有省、市、全国联赛队,大学生有各年级运动队和CUBA运动队,加上体校、篮校、地方、军队等篮球队。随着比赛数量的增加,更多人才涌现出来,为职业俱乐部"选秀"提供了广阔的选材基础。在选材方面上,要以"综合选材"为主要形式,尽量消除"伯乐式选材"的局限性。在中小学选拔篮球人才

"新苗"时,在身体素质测评、遗传素质分析、体育运动表现、思想品德和个人意愿等多因素综合考察的基础上,由学校体育机构或体育教师群体选拔;在选拔各种中层人才——青年篮球队"新手"时,则依据其初级赛场运动素质的表现、品德、文化、心理等素质,由CUBA俱乐部或青年联赛队、赛会集训队等选拔。职业球队的选材更加严苛和专业,其会依据赛场技术统计数据、训练过程中的全面表现、教练专家组评议、观众和球迷评选等因素综合选拔,逐步建立起规范运行的"选秀"制度。

(2)人才聘用。对于篮球运动后备人才的聘用应该采用双向认可的机制进行,并用合同的形式确定下来双方的责任和义务,建立和完善运动员注册制度和考核制度。

(3)人才流动。正常的人才流动有利于不同特长人才之间实现优化配置,有利于技术创新,从总体上看是有利于篮球运动发展的。而对于一些技术特长匹配不当、在一支队伍中的发展受限或遇到瓶颈的球员,流动也有利于运动员的迅速成长,是尊重和保护人才的手段。为此,出于上述目的,篮球管理机构应制定相应政策,篮协应制定运动员转会的规则,使人才流动进入法制轨道,实现流而不乱。建立篮球后备人才培养的新体系是一个复杂的过程,需要积累大量的经验并且学习国外职业化的成功经验,对于我国的篮球人才流动方式的转变,还需要进一步在理论探讨和改革实践中不断充实和完善。

二、扩大青少年篮球队伍建设

现代竞技体育除了要立足当下外,还不能缺少对后备人才的培养,这是让体育运动竞技水平始终保持高水平的关键。世界竞技体育的现实也印证了这一点,即谁拥有雄厚的、高质量的后备人才基础,谁就有更强大的实力称霸体坛。

篮球运动放眼世界都是开展得最为普及的运动项目,这点在我国也是如此。尽管我国素以乒乓球作为"国球",但实际上在大众体育中开展最为普及的还是篮球,这也使得篮球凭借其参与人数众多而在我国的"三大球"排名中获得第一的位置。为此,从1995 年 6 月国家"全民健身计划"开展以来,就创建了"小篮板"工程,这个工程普及了篮球运动,并且对正规的篮球赛事规则和场地进行了简化,如此更加提高了篮球运动的普及度,最终在全国掀起了三人制篮球的开展高潮。种种这些都说明了篮球运动在我国拥有的广泛群众基础,如果能够辅以足够的政策支持和体育资源保障,篮球人才匮乏、后备力量不足的局面将会得到迅速扭转,而扩大青少年篮球队伍建设就是其中最为重要的方式之一。

(一)扩大青少年队伍的基本方法

(1)以中国篮协认定的篮球学校和体育运动学校为重点开展单位,建立相应的基础训练体制,并且着重将篮球传统校纳入其中,构成一条龙训练体制,培养篮球运动骨干和较高水平篮球后备人才。

(2)走体教结合之路,建立以大学为龙头、中学为重点、小学为基础的人才培养体系。

(3)鼓励社会力量兴办篮球学校或篮球俱乐部,广泛吸纳对篮球有浓厚兴趣的人才,特别是青少年人才的加入。

(4)利用周末、节假日等多种业余时间举办篮球训练班、夏令营等活动,并制定合理价格,吸引学生参加,并使更多学生有条件参加。

(5)建立合理的青少年竞赛制度,举办丰富多彩的篮球比赛。

(6)完善教练员岗位培训制度,全面提升教练员综合执教水平。

(二)我国青少年竞技篮球人才培养

青少年是国家的未来,青少年的健康发展对一个民族和国家的将来有着至关重要的作用,这点对于竞技篮球运动人才的培养也是如此,我们必须坚定青少年竞技篮球人才在我国篮球发展中的根基作用。

竞技篮球后备人才的培养绝不仅仅是个人单位和机构的责任,而是一个国家体育系统乃至社会诸多方面协同开展的系统工程。要落实"全面、和谐、可持续"的科学发展观、促使竞技篮球后备人才培养良性发展,就必须始终从为社会培养多样化人才的角度出发来认真审视和高度重视我国青少年竞技篮球人才的培养工作。科学发展观不仅是指导我国青少年竞技篮球人才培养走向良性发展道路的基础,也是我国青少年竞技篮球人才培养必须坚持和贯彻的根本指导思想。[①]

三、以中小学为主要培养基地

我国的传统教育模式在现今仍占据主导地位,方式根深蒂固,短时间不会获得彻底的改变。传统教育体制和模式之于中学阶段学生的学习特点为学生课业负担大,顺利升级和升学是重中之重的目标。教师和绝大多数家长均认为除了重要的学科课程以外,其他包括体育在内的课程都可有可无。学校方面在升学率的压力下,也没有更多时间来安排各项体育比赛和长期组织课外体育训练,特别是在学期的期末阶段更是如此。再看小学阶段,相比中学生来说,小学生的课业负担较轻,其学习内容主要是搭建文化基础和培养良好的学习习惯。小学阶段中学校还会安排大量的时间从事各种活动,以此得以让学生有多方面接触事物、锻炼自己全方面能力的机会,从而增强体质、发掘爱好、发展自己的天赋。由于少儿时期的好奇心、接受能力都极强,应当充分利用这段少儿身心发展的敏感期开展篮球活动,让小学生在篮球游戏和比赛中体会篮球运动本身的趣味和魅力,使他们既有兴趣,又充分展示自己的天赋。

目前,我国教育部门及社会人士普遍呼吁改变传统应试教育模式,提倡素质教育。为此,许多学校开始了素质教育试点工作,可以说,我国的教育如今正处于"素质教育"代替"应试教育"的转

---

① 叶巍. 新视角下篮球运动之人才研究[M]. 长春:吉林大学出版社,2013.

轨时期,中小学阶段一味追求智育和升学率的弊端定会得到改变。中小学阶段的学生正处于认识事物的绝佳时期,在这段时期对他们进行基础训练尤其重要。因此,对于那些对篮球运动有着浓厚兴趣以及具有良好身体素质和较高智力水平的学生要组织他们参加培养和基础训练活动,为他们打下良好的篮球运动基础。再加上教育模式转变得更加富有人本意识,使得这些拥有良好篮球基础的学生日后到中学、大学还能继续在篮球领域深造,最终逐渐形成了以小学、中学为篮球运动主要培养基地,由大学、国家队进一步深化培养的体系。

四、强化篮球基本技术的训练

目前,我国教练员在对青少年篮球运动技能培养方面存在着一定程度上忽视基本技术训练的问题,主要表现在对球员技术动作的规范性和动作细节要求不足上,如此难免使运动员难以牢固掌握技术,更不要提在对抗中顺利完成动作了。特别值得注意的是,教练员从教学理念上就对防守技术的重视不足,使得运动员在防守时动作不规范,难以真正起到防守作用,亦或是无畏犯规多。基于这种情况,就需要在青少年篮球运动员的基本技术训练中达到如下几点要求。

(1)强化青少年注重基本功练习的意识。要想强化篮球基本技术的训练,首先就要加深相关意识的培养,以此让青少年主动意识到练习这项技术的重要性,这是提高训练水平的首要因素。如果这个意识淡薄,引申到实际的训练当中就会出现对技术基本功的练习较为懈怠,久而久之使基本功和基本技术粗糙,技术不全面、不扎实、不规范。为此,在今后针对青少年的篮球训练中务必要采取更加严格的措施和灵活的方法,以调动运动员苦练基本功的积极性。

(2)提高运动员掌握基本技术动作的质量。对于青少年篮球运动员的基本技术的训练在日常中就要常抓不懈,让基本技术的训练内容成为每堂训练课中的一部分。特别是青少年初期训练阶段,其技术动作还处于从分化向动力定型转化的过程。因此,教练员要认真观察运动员的训练过程,对于运动员出现的不规范、不正确的技术动作问题要及时纠正,强化重点,将错误的、不规范的动作扼杀在动作进一步形成之前,并对运动员进行细致讲解,以使他们在掌握动作的同时能明确动作的运用方法,做到学用结合。

(3)增加运动员掌握组合技术数量。实战中运用的技术带有多样性和随机性的特点,并且技术动作的运用总是以多个动作组合的方式进行的。鉴于这些特点,教练员在训练中就要有意识地多多安排技术组合训练,使运动员技术动作的变化建立在灵活运用之上,为在攻守对抗情况下灵活运用技术打好基础。

(4)提高运动员在对抗中运用技术的能力。训练中所练就的技术都是以在实战中获得运用为目标的。实际比赛的强度普遍会大于训练,而且技术动作的完成都要在对抗的条件下完成。为此,在训练中也要创造一个模拟对抗的环境,让运动员在这样的条件下完善技术,这样才能使运动员适应比赛,学会克服对手的阻挠和制约,达到及时、准确、合理地运用技术的目的。

(5)重视防守基本功训练。与进攻技术相比而言,防守技术的训练显得更加枯燥无味,这正是青少年运动员对防守技术的学习难以产生兴趣的关键。但不管防守技术是否能激发学习的兴趣,它始终是篮球技术中的重要组成部分。在对防守技术进行教学训练时,教练员除了向运动员耐心讲授防守训练的重要性和必要性以外,还要在训练中首先保证自身对这些技术的重视,然后制定较高的训练目标,以为运动员打下扎实的防守基本功,如此有助于他们日后成长为在攻防两端都有作为的全面型球员。

(6)不过早确定运动员司职位置。篮球运动员在接受一定时间的训练后,往往会根据自身的身体形态和技术特点被划分出不同的位置,每一个位置都有属于自己的位置职责,如后卫、前锋和中锋。之所以有这样的位置划分,也是为了充分利用运动员的身体条件、技术特长,发挥他们的智慧和能力,有效地组合集体力量,更好地执行攻防两端的战术。然而对于青少年篮球训练来说,要避免过早地将他们分化开来,因为一旦划分了位置,训练内容就会更加偏向位置技术,这样全面性技术的训练就或多或少被忽视。就一名青少年运动员的技术全面性和未来发展来说,这都是一种追求短期效应的做法。

第六章　学校篮球技术学练实践研究

篮球技术是篮球运动专属动作,是进行篮球活动所必需的手段,同时也是多样化的篮球战术的基本构成部分。只有掌握了足够的篮球技术才能顺利参与这项活动,因此在学习技术时就要做到系统和全面,并且能在实战中适时运用。本章对篮球技术的基本理论进行阐述,同时对篮球运动进攻技术与防守技术的教学训练进行分析。

第一节　篮球技术的基本理论

一、篮球技术的概念与分类

（一）篮球技术的概念

篮球技术概念可以从技能方法和实践应用两方面进行概括。从技能方法的角度上说,篮球运动技术是运动员在篮球运动中以进攻与防守为目的而使用的动作方法。篮球技术在动作方法上有专门性与合理性。这两种特性表现在篮球技术要符合竞赛规则、对实战比赛有良好的适应性、符合人体运动科学原理、可以解决攻守对抗中的问题四个方面。而从实践应用的角度上说,篮球技术是在实践比赛中对专门的攻守动作进行具体运用的能力。如此来讲,篮球技术不只是运动员简单重复某种与篮球运动相关的动作模式,更是篮球运动行为与操作技巧的有意识的表现。这是因为运动员在篮球比赛中进行的攻防环节中使用的单独或组合技术都是为了争取时空上的主动性。从技术动作质量和应用上就能判断一名运动员的篮球竞技能力。不仅如此,运动员所具备的心理素质、智力水平、身体素质、体育道德、运动经验等软实力,也是最终通过外在的技术动作来表现的。

对于篮球技术的掌握还有一层意义,那就是为日后战术练习打好基础。篮球战术总是由不同的篮球技术进行有针对性的组成,是构成战术的基本元素。由此就决定了只有掌握过硬的篮球技术,才能更好地在战术练习时有好的领会,并且将战术执行到位。

(二)篮球技术的分类

篮球技术的内容较多,根据其中相似的动作模式或运用时机可以进行分类,以此使教学变得更加系统和有关联。通常对篮球运动中包括技术动作在内的分类会本着遵循从简单到复杂、由特殊到一般的原则进行,最终使之系统化,从而进一步了解其各类的属性、结构、特点、作用以及与同类或不同类事物之间的关系等。具体到实际地对篮球技术进行分类来说,主要应该把握好篮球攻守对立统一的规律、人体运动科学的原理以及篮球技术动作的任务三个方面。

现阶段对于篮球运动技术分类的总体思路是根据进攻和防守两端进行的,即划分为进攻技术和防守技术,其中还会被细分为有球技术和无球技术。这两大类篮球技术具体又包括若干类动作,这些动作或者具有相似的结构,或者具有相同的作用,或者具有不同的动作方法。种种这些技术构成了一个完整的篮球技术体系。在篮球运动中,进攻和防守都有各自的技术动作,其用途各异,动作结构差别也较大,但唯有抢篮板球技术是进攻和防守都有的,为此对这项技术的练习要更加强调。

二、篮球技术的特点与运用

(一)篮球技术的特点

篮球运动技术拥有诸多特点,正是这些特点展现出了这项运动与其他运动之间的区别。这些主要特点具体如下。

1．"人球合一"

"人球合一"说明篮球是一项人与球始终紧密结合的运动。所谓"人球合一"的具体表现是运动过程中运动员总是用手来对球保持一个有效的控制与支配。从具体的动作来看，尽管手是最多直接与球接触的部位，但实际上每一种篮球技术除了手上的控制外还需要身体其他部位的协调，最终构成一个高质量的技术动作。因此，"人球合一"正是篮球运动员在篮球运动中运用篮球技术的魅力所在。

2．随机应变

随机应变的特点是由篮球比赛形式多变所决定的。多变的比赛形势必然需要运动员快速、适时地改变技术的选择和运用。导致比赛形势变化的也许是对手的换人、对手的状态，亦或是对手新制定的战术等。为了应对这些变化，运动员就必须灵活运用篮球技术，甚至要为了应变而及时做出应答动作的开放性技能，这就是篮球技术的随机应变性。

3．规范性与差异性

篮球技术具有规范性特点，这是由于篮球运动本身具有一定的发展规律，篮球技术作为篮球运动中的重要组成部分，必然其在被创造伊始也是遵循篮球规律的。为此，运动员在使用技术时就要按照技术规范来做。但又由于篮球比赛局面总是处于变化之中，运动员在比赛过程中做出的技术动作还要有运用层面上的细微差异，即便是有差异，但总体的动作仍旧要以规范动作为基础，可见篮球技术具有规范性与差异性相结合的特点。实际上，这一特点并非只是在篮球运动中具有，其他许多运动项目的技术动作也包含这个特点。因此，为了更好地使运动员在比赛中发挥出技术应有的效果，在日常训练中在夯实动作基础和掌握动作核心的前提下可以不过于强求动作外形的模式,以此为日后比赛中的即兴发挥带来可能。

4.时间与空间的较量

现代篮球比赛对于时空的争夺是异常激烈的,所谓的"时空"就是指时间与空间。在篮球比赛中,双方始终会在一个动态的过程中展开技术比拼,而只有在时间和空间两个层面都占据优势才能更好地控制比赛。为此,篮球运动中的所有技术都带有争夺时间与空间的特点。

(二)篮球技术的运用

篮球技术运用的意义在于应对场上瞬息万变的局面。具体来讲,在运用篮球技术时应满足如下几点要求。

1.掌握规范的技术动作

要想熟练和适时运用篮球技术,掌握规范的技术动作是最基础的要求。其重要意义一方面在于对篮球运动员形成正确的技术动作定型,另一方面还在于掌握规范的、熟练的单个技术,以有助于日后进行技术组合训练和战术训练,以及适应快节奏下的比赛中的顺利应用。

2.具备良好的身体素质

所有技术动作的完成都依赖出色的身体素质,这些身体素质包括力量、速度、耐力、柔韧和灵敏,缺一不可。以弹跳动作为例,拥有出色腿部力量的运动员必然跳得更高,而拥有超高灵敏素质的运动员在急停急起技术上必然占有优势。为此,运动员想要更好地掌握和运用篮球技术就必须具备良好的身体素质,只有这样才能在比赛中争取更多的时间与空间,并且高质量达成技术效果,真正将篮球技术运用得更加灵活、多变。

3. 培养良好的心理素质

对于篮球运动来说,对比赛起到影响的心理素质包括篮球意识、意志品质与情绪。心理素质之于运动员来说属于软实力中的一种,在关键时刻,足够强大的心理素质能够决定比赛的走势,甚至直接决定胜负,因此其作用不言而喻。

良好的心理素质对篮球技术运用的意义体现在意识对行动有支配作用,对技术运用有抉择、指向、支配作用。此外,意志品质坚定、有信心克服困难能够积极促进技术的运用。运动员在激烈的比赛中,只有时刻保持稳定的心理、做好情绪管理、秉持强大的自控能力,才能在危急时刻排除内外部干扰,正常发挥水平甚至超常发挥水平。

三、篮球技术发展的推动因素

篮球技术也是一项一直处于发展中的事物。导致其发展的因素是多样的,这包括主观与客观两类因素的共同推动。具体来讲,这些因素包括如下几项。

(一)人的发展因素

参与篮球运动的主体是人,场上的运动员是篮球技术的掌握者和运用者,因此,当人的自身处于发展之中时,其所掌握的篮球技术也必然产生发展。可以明确的是篮球技术的运用依赖人的体能,那么,当人的体能和外在形态发生变化时,其所掌握的技术也会相应改变,更多是一种向上的提升。以具体事例来说,如今的篮球运动员在多项身体外形条件和内在身体素质上都与 20 世纪 50 年代的运动员相比有了巨大差别。更好的身体外形和更出色的身体素质无疑对篮球技术水平的提升产生了莫大帮助,其使篮球比赛场中的攻守速度、篮球运动员的弹跳高度、对抗强度与以往相比获得了飞跃,甚至一些具有高难度的技术动作频频出现,观赏性大增。当然除了身体外形和身体素质会对篮球技术的进步产生影响外,人的知识水平、战术能力、心理素质等众多主观因素的发展也会对篮球技术的发展起到作用。

(二)篮球规则的演变因素

高大球员的出现在近几十年来格外明显,以至于篮球运动已经被默认为是"巨人间"的运动了。运动员身材的高大化的最大影响在于它促进了篮球技术的发展,但在某些技术层面上来说却出现了退步。为此,篮球规则不得不做出一些限制性改变,即为了让高大篮球运动员的技术向快速、灵活、全面的方向发展,划定了场地的限制区,即"三秒区"。限制区的出现对高大运动员在篮下的作用予以了一定程度的削弱,高大运动员不能再像过往那样肆无忌惮地站在篮下接球进攻,如此也就改变了一些篮球技术的运用方式。除了限制区的设定外,三分线的划定也进一步促进了投篮技术的精进。当然还有很多由于篮球规则的改变而促进技术改变的事例,这不仅促进了篮球技术的不断发展和完善,同时也使得篮球比赛更加激烈、精彩,欣赏价值得到了进一步提高。

(三)对抗的合理性因素

在篮球运动发展早期阶段的规则中规定双方运动员在比赛过程中不能出现身体接触,这也是一种对运动员安全的考虑。随着此后篮球运动的发展,比赛局面越发刺激,节奏更快,争夺更激烈,运动员身体的接触总是难免的,有时这种对抗甚至对比赛局面产生了影响,在通过身体对抗的形式获得利益后,运动员就更加乐意采用这种方式比赛,而增加的身体对抗也使比赛更加具有观赏性,更多人被吸引加入到这项运动中。在这一趋势的推动下,篮球规则进行了修改,确定了篮球比赛中双方身体对抗的合法性,如此更增加了身体对抗的频率和强度,这也使得篮球运动的攻守技术更加具有侵略性。在此之后,即便是在篮球运动的教学训练之中,身体上的对抗也是教练员一直强调的行为,并且在技战术训练的过程中也加入了在对抗条件下完成动作的训练。

（四）训练方法的改进因素

篮球运动训练方法的改进与提高也可以加速篮球运动员掌握技术动作的数量与熟练程度，有效增强运动员技术动作之间的衔接，提高运动员在对抗条件下完成技术动作的能力。篮球运动对于团队的力量非常依赖，这个团队主要包含队友和教练，甚至是保障团队的后勤人员。训练是篮球运动技术提升的重要活动，也是参与篮球运动的主要形式。近几十年间，以运动生理学、运动生物力学等学科为基础，以提高机体各系统机能为目标的训练方法应运而生，同时以系统科学、信息论、控制论为指导的整体的、系统的观点来指导教学、训练与比赛的思想普遍得到了认可并在实际训练中得以应用。新的训练指导思想和方法使篮球运动技术获得了发展。

四、针对学校篮球主客场赛制赛事特点谈相应训练模式

（一）应对主客场赛制赛事的要求

1. 合理调控训练负荷强度

科学掌握和运用好运动负荷的强度，使运动员在比赛中游刃有余，是主客场赛季训练的关键，这样运动员在比赛过程中能够一直保持强劲的竞技能力，充分发挥技战术水平。正常状态下，适当增加负荷能够明显提升运动员的竞技水平，但是如果负荷强度过大，超出了运动员的承受范围则具有严重的消极作用。因此，有效的控制赛季训练中运动员的训练强度，安排合理的训练负荷强度有助于比赛中技战术水平的发挥。

2. 专项化心理训练

在主客场赛季中，稳定的心理状态以及良好的身体健康是每一个运动员获得良好竞技状态的基本条件，它是运动员比赛取得成功的先决条件。众所周知，在篮球比赛中，运动员的运动智能

以及各项技能、战术等都需要其心理能力的参与和配合,因此,在运动员训练体系中心理训练占据着必不可少的位置,其作用也是显而易见的。现阶段,篮球运动水平一直都在不断提高,在比赛中,运动员之间关于技能、战术等方面的差距也慢慢缩小,也可以说现阶段的篮球比赛就是一场心理比赛,尤其是在两队势均力敌的情况下,运动员的心理素质直接决定着比赛的胜负。因此,心理训练是当前篮球运动员训练体系中的关键。

(二)应对主客场赛制赛事的训练模式

1. 训练内容和手段

篮球主客场赛季训练具有时间长、场次多的特点,所以篮球运动员在比赛期间一定要强化体能训练,避免在赛季中出现体力不支的现象。随着比赛日益激烈,各队之间的对抗性增强,如此对运动员的体能要求也在逐渐提升。为此,在进行篮球运动员身体训练时,要坚持以专项身体训练为主,强化对运动员的力量训练。如此一方面可以提升运动员的对抗能力,另一方面能够有效降低比赛中出现运动性损伤的几率。在训练时,也要强化运动员赛季期间的技术训练,实现运动员攻守训练内容的同步化,提高比赛中队员的整体攻守效能、对抗能力以及对抗技术的准确性;科学利用战术思维能力,协调发展全队战术、整体攻防战术,在比赛过程中提高与个人、组合战术之间的配合质量,以提升全队战术配合质量。

另外,在训练中,关于技术方面的训练内容主要集中在对抗性动作以及比赛中的应用性技巧上,大致范围包含有巩固投篮、传球、抢断球、防守等基本技术。训练运动员战术和技术之间的配合运用能力,完成高强度且复杂的对抗,最终通过多次训练形成和巩固运动员的动作技术。关于战术的训练内容大致包含有二三人的配合、整体战术配合等,通过多次训练,不断磨合阵形,逐步形成特色的战术风格,并随之减少常规战术训练,相应地增加针对性战术训练。采用比赛训练法,不断提升运动员个人、集体以及全队的攻防能力。而且在进行心理训练的过程中,要提升运动员的自制能力,帮助运动员建立必胜的信心。总之,关于制定赛季训练内容和手段要科学结合比赛实际情况以及运动员的具体情况等因素,进行有针对性的训练,以提升篮球运动员在不同比赛条件下的应变能力。

2. 训练负荷的特点

结合现代竞技运动发展的历史可以看出,提升运动训练方法和手段能够有效推动竞技运动整体发展水平,一种科学训练方法在运动训练过程中,不仅体现了科学原理,也展示了科学训练实践的优势。

针对篮球运动负荷训练整体来说,负荷的组合方式多种多样,在安排篮球主客场赛季负荷训练时,其本意都是为了保证机体在比赛日处于最佳状态,且负荷训练能够确保提升运动员的竞技能力。通常情况下,如果总的负荷水平不高,需要在比赛日之前降低训练强度,随之减少负荷量,这样能够保证篮球运动员在比赛之日的运动负荷达到最高。按照传统的惯例,篮球主客场赛往往都是一周三赛制,这就要求每一次比赛时运动员的运动负荷处于最高强度。因此,在赛季时期训练阶段和赛季前训练阶段相比,应当适度降低负荷量以及负荷强度,一般为中等强度的负荷为宜,且负荷的量应较小些。另外,考虑到三次比赛之间有一或者两天的间隔时间,科学地安排训练内容和运动负荷,保持运动员在一周三赛的训练周期中一直处于较高的竞技状态,这样的做法十分重要。因此,控制和掌握运动员在训练周期之中的各种强度比例以及恢复效能就成为了篮球主客场赛季周期训练的重中之重。

3. 篮球比赛竞技状态的调控

按照惯例,在篮球比赛的赛季中,因为一些外部环境等因素的复杂变化,并受篮球队员机体功能的生物学调整等因素影响,运动员的竞技状态一直都存在不定性的变化,导致比赛时期运动员不可能一直处于良好的竞技状态,但是它却在一定的区间内变化。有研究资料表明,在篮球主客场比赛中,在赛季的开始以及结束阶段,运动员竞技状态往往容易出现低潮。但是在比赛中间,运动员的竞技状态大多处在高潮或者是稳定状态。因此,良好的竞技状态能够促进篮球运动员充分发挥个人技战术水平,获得优异成绩,科学调控运动员的竞技状态在篮球比赛中显得尤为重要。

4. 恢复训练的实施

篮球比赛主客场赛制使得竞赛周期长,运动员连续参加大量比赛,个人的心理以及生理都处于疲劳状态,且在赛季的中后期,疲劳感觉更加突出。所以为了及时保证运动员消退疲劳状态、重新聚集力量,一定要科学、合理地组织好赛间恢复训练,帮助运动员消除生理上和心理上的疲劳,以最佳的竞技状态参加新的比赛。而且,只有消除了运动员的疲劳状态,负荷训练才能够充分发挥自己的功效,在最大限度上提升运动员的竞技能力。

另外,有研究资料表明,在所有运动项目中,篮球运动对运动员体能的要求最高。运动员在比赛过程中,必须快速起动和转身,必要时还需要急起、急停、快速起跳。因此,在周期较长的主客场赛季中,运动员要想保持较高的耐力水平,就必须具有良好的力量素质和耐力素质,并且随时注重恢复阶段的科学训练。

第二节　篮球进攻技术学练方法

一、移动技术

(一)移动的技术分析

1. 起动技术

起动技术,是指运动者由静止状态变为运动状态的一种动作,是运动者获得位移速度的方法。突然起动是摆脱防守的有效手段,可以使运动者抢占有利位置。以向前起动为例,后脚的前脚掌蹬地,身体重心前移,手臂协调摆动,利用蹬地的反作用力,迅速向前迈出(图 6-1)。

图 6-1

2. 跑 的 技 术

(1)变向跑:变向跑是队员在跑动中利用突然改变方向完成攻守任务的一种跑动方法。如图 6-2 所示,从右向左变向时,最后一步用右脚前脚掌内侧用力蹬地,同时脚尖稍内扣,迅速屈膝,腰部随之左转,上体向左前倾,移重心,左脚向左前方跨出,然后加速前进。

图 6-2

(2)变速跑:变速跑是队员在跑动中,利用速度变化完成攻守任务的一种方法。由慢跑变快跑时,上体前倾,用前脚掌短促、有力地向后蹬地,同时迅速摆臂,前两三步要小,加快跑的频率。由快变慢时,上体抬起,步幅加大,用前脚掌抵地,减缓冲力,从而降低跑速。

（3）侧身跑：侧身跑是队员在跑动中为了抢位，摆脱防守去接侧向或侧后方传来的球而采用的一种跑动方法。跑动时，头部和上体转向侧面或有球的一侧，脚尖朝着跑动方向。跑动时，既要保持奔跑速度，又要保持身体平衡，双手自然放在腰侧。

3. 跳的技术

跳是指队员在场上争取高度及远度的一种动作方法。篮球比赛中很多技术需要在空中完成。运动者必须能单脚或双脚在原地、跑动中、对抗条件下向不同方向跳或连续跳，而且在跳的过程中，应该尽量做到起跳快、跳得高、滞空时间长，且能在空中完成各种攻守动作。

（1）单脚跳：起跳时，两脚开立，屈膝快速下蹲，两臂相应后摆，上体前倾。然后，两脚用力蹬地、伸膝、提腰，两臂迅速向前上摆，使身体向上腾起。上体在空中要自然伸展，收腰，下肢放松，摆动腿自然伸直与起跳腿合并。落地时，双脚稍分开，用前脚掌先着地，并屈膝缓冲身体下落的重力，保持身体平衡，以便衔接下一个动作。单脚起跳多在助跑情况下运用。

（2）双脚跳：起跳时，两膝弯曲降低重心，两脚用力蹬地，同时提腰摆臂向上起跳；在空中时，身体自然伸展控制平衡；落地时，前脚掌先落地，屈膝缓冲，注意保持身体平衡，以便衔接其他动作。双脚起跳多在原地运用，也可以在上步、并步、跳步和助跑情况下运用。

4. 急停技术

篮球运动的急停技术是指队员在快速移动中突然制动速度的一种动作方法，在篮球比赛中，急停是运动员利用各种脚步动作衔接和变化的过渡动作，多与其他技术结合使用。

（1）跨步急停：先向前跨出一大步，脚跟先着地并迅速过渡到全脚抵住地面，降低重心，身体稍后仰。第二步落地时，两膝深屈并内扣,身体稍侧转,两脚尖自然转向前方,前脚掌内侧用力抵住地面制动向前的冲力,上体稍后仰,两臂屈肘自然张开,上体迅速自然前倾,控制身体平衡(图6-3)。

图 6-3

(2)跳步急停:跑动中用单脚或双脚起跳,使双脚稍有腾空。上体稍后仰,两脚平行或前后落地(略宽于肩)形成进攻基本站立姿势。落地时动作轻盈,身体在空中稍向任一方向自然侧转,以缓和前冲速度,落地后迅速降低重心,保持身体平衡(图6-4)。

图 6-4

5. 滑步技术

滑步技术是指运动员在防守移动时的一种技术方法,滑步易于保持身体平衡,可向任何方向移动。可分为侧滑步(横滑步)、后滑步和前滑步。这里重点介绍前两种。

(1)侧滑步:以向左侧滑步为例,两脚左右开立同肩宽,膝微屈,上体稍前倾,两臂侧伸,眼平视,盯住对手。向左滑步时,右脚前脚掌内侧蹬地,同时左脚向左跨出,在落地的同时,右脚迅速随同滑行,然后继续重复上述动作。滑步时,身体不要上下起伏,要随时调整重心,保持身体平衡。动作结束时,恢复原来的身体姿势,并根据攻守情况,迅速转换到下一个动作(图6-5)。向右滑步时,动作相同,方向相反。

图 6-5

(2)后滑步:一只脚向后撤步着地的同时,前脚紧随着向后滑动,保持前后开立姿势。向前滑步时,前脚向前迈出一步。着地同时,后脚紧随着向前滑动,保持前后开立姿势。

6.转身技术

转身技术是指运动员以一脚作为中枢脚进行旋转,另一脚蹬地向前后跨出,改变原来身体方向的一种动作方法。转身可与急停、跨步、持球突破结合运用,能有效摆脱防守创造传球、投篮机会。

(1)前转身:移动脚向中枢脚脚尖方向跨出改变身体方向为前转身。转身时,中枢脚前掌用力碾地,移动脚蹬地并迅速跨步,同时转腰、转肩,保持身体平衡。

(2)后转身:移动脚向中枢脚脚跟方向跨出改变身体方向为后转身。转身时,中枢脚碾地旋转,移动脚蹬地并向自己身后撤步,同时腰胯用力旋转,重心随之转移,以保持身体平衡。

(二)移动的技术训练

(1)原地运球,听或看信号做起动快速运球的练习。

(2)原地站立,听或看信号做起动的练习。

（3）听或看信号，向不同方向起跑。

（4）利用篮球场的圈、线做侧身跑和对角折线跑。

（5）两人行进间传球，练习侧身跑。

（6）助跑后，做单脚或双脚起跳。

（7）助跑后，单脚起跳做手摸篮板、篮圈练习。

（8）单、双脚起跳后做接球、传球或断球练习。

（9）慢跑两三步接着做跨步急停和跳步急停。

（10）以稍快节奏跑三五步，然后做跨步急停和跳步急停。

（11）快跑中听或看信号，跨步急停。

（12）急停后做接传球或投篮练习。

（13）原地站立，分别以两脚为轴，做前、后转身 90°、180°、270° 的练习。

（14）慢跑中急停，做前、后转身 90°、180°起动快跑练习。

（15）跳起接球后，做前、后转身传球、运球或投篮练习。

（16）两人一组，在一对一攻守中，做前、后转身护球练习。

二、传接球技术

传接球指的是在篮球比赛中进攻队员之间有目的地支配球、转移球的方法。传接球的质量好坏对于战术执行质量的高低以及进攻的成功率有着很大的影响，甚至会决定比赛的最终结果。

（一）传接球的技术分析

1. 传球技术分析

（1）双手胸前传球

双手手指自然分开，拇指相对成"八"字形，用指根以上部位持球，手心空出。两肘自然弯曲于体侧，把球置于胸腹之间的部位，身体成基本站立姿势。传球时在后脚蹬地、身体重心前移的同时前臂迅速向传球方向伸出，拇指用力下压，手腕前屈，食指与中指用力拨球将球传出（图 6-6）。

图 6-6

（2）单手肩上传球

胸前双手持球，双脚平行而立，传球时（以右手传球为例）左脚向传球方向迈出半步，右手托球，同时将球引到右肩上方，肘部外展，上臂与地面近似平行，手腕向后仰。左肩对着传球方向，身体的重心落在右脚上，右脚蹬地，转体，右前臂迅速向前挥摆，手腕前屈，通过食指、中指拨球将球传出（图 6-7）。右脚在球出手之后随着身体的重心前移而向前迈出半步，保持基本的站立姿势。

图 6-7

（3）双手头上传球

双手指尖朝上，从球侧面持球于头顶，肘部稍微弯曲，向传球方向跨步同时手腕后转，球转移到脑后，将球向前抛出，手腕下转发力，做好随球动作。

（4）单手体侧传球

以右手传球为例，双脚开立，膝关节微屈，将球双手持于胸前。传球时右手持球后引，经过体侧向前做出弧线摆动，手腕前屈,用食指、中指的力量拨球,将球传出。

2.接球技术分析

(1)双手接球

接球时双眼注视来球,手指自然分开,两拇指相对成"八"字形,两手成半圆形。来球之前主动伸臂迎球,肩、臂、腕、指保持放松。接球时,指端先接触球,两臂同时随球后引缓冲来球的力量,同时做好衔接下一动作的准备姿势(图6-8)。

图 6-8

(2)单手接球

以右手接球为例。右脚向来球方向迈出,接球时右臂微屈,手掌成勺形,手指自然分开,迎球的方向伸出,左脚同时迈出。在手指触球之后,手臂顺势向后撤,同时收肩,上体稍微向右后方转动。之后用左手帮助将球握于胸前。跳起用单手接高球时,可采用手指尖触球后顺势卷腕的手法,将球引到胸前成双手持球(图6-9)。

图 6-9

（3）跑动接球

在跑动中，脚尖朝着前进方向，上体侧转面向来球，双臂伸出主动迎接来球。

（4）摆脱接球

无球进攻队员利用脚步动作（如变向跑、转身、停步等）或者同伴的掩护摆脱防守后接同伴传来的球，同时采用相应的停步动作来衔接下一个攻击动作。

（二）传接球的技术训练

1. 传接球技术训练方法

（1）原地徒手双手持球动作的模仿练习。该练习能够让运动者更好地体会不持球时正确做出双手持球的徒手模仿动作。

（2）两人为一组，一人原地传球，另一人向左、右、前、后移动做接球练习。两人相距 4～6 米，多次传接球练习之后相互交换。

（3）全场三人传接球练习。每传一次球都要通过中间人，在 3 人传球推进的过程中，应该保持好三角队形，中间人稍后，两边在前。

（4）迎面上步传接球练习。练习者排成纵队，教师持球距纵队 5～7 米。排头队员上步接教师传来的球并回传给教师，之后跑回队尾，接着第二名队员进行练习，以此类推。

2. 传接球技术训练的注意事项

（1）练习者在掌握动作的同时还应该养成良好的观察能力与判断能力，善于隐蔽自己传球的真实意图，并将假动作等个人战术行动与提高传接球技术进行有机结合。

（2）训练时应该狠抓传球的手法，先进行传平直球用力手法的训练，再训练传击地球的用力手法，最后训练高吊球（弧线球）的用力手法，并以三种传球路线交替进行训练。对于动作的规范与要领应该严格要求,从而促进练习者形成正确的传球手法,为更多篮球技术的学习与掌握奠定基础。

三、运球技术

运球是指持球运动员在原地或者移动中用手连续按拍使球借助地面反弹起来的动作。运球技术是篮球运动员控制球、支配球、组织全队进攻配合以及突破防守的一种重要手段。

（一）运球的技术分析

1. 低运球

低运球时,两腿迅速弯曲,降低身体的重心,上体向前倾,球的落点在体侧,用上体与腿对球进行保护;用手腕与手指短促地按拍球的后上方,将球控制在膝关节的高度,两腿用力向后蹬,快速前进。拍球的部位是在球的后上方或者后侧方(图6-10)。

图 6-10

2. 高运球

高运球时,两腿微屈,上体稍微向前倾,两眼平视,以肘关节为轴,前臂自然伸屈,用手腕、手指柔和而有力地按拍球的后上方。将球的落点控制在运球手臂的同侧、脚的外侧前方,球的反弹高度在腰与胸之间(图6-11)。

图 6-11

3. 运球急停急起

在快速运球中采用两步急停,降低身体的重心,手按拍球的前上方,使球停止运行;急起时,两脚应该用力向后蹬,上体急剧前倾并迅速启动,同时按拍球的后上方,人和球同步快速前进(图 6-12)。

图 6-12

4. 运球体前变向

(1)运球体前换手变向运球

运球体前换手变向运球技术能够成功的关键就在于能否利用好体前变向的时间差。以右手持球变向换到左手为例,在变向前首先要压低重心,朝右方做假动作,此时左手在膝盖下方等球,当身体朝右方压低重心准备启动时,膝盖要近乎于贴近地面,眼睛也要目视这个方向,以此达到最大限度的迷惑对方的目的。然后当身体启动动作呼之欲出之际,右脚突然向左发力,身体重心也随之快速移动到左脚,右手放球于地,球弹起后左手接球并朝左边方向加速甩开防守人。

这种运球变向的方式大多在突破上篮时运用。

(2)运球体前不换手变向运球

以右手持球变向为例,在变向前首先要压低重心,朝右方做假动作,当身体朝右方压低重心准备启动时,膝盖要近乎于贴近地面,此时朝右侧启动,迈出一步并运球一次后第二次运球放球时落地点在身体左侧,右脚向左蹬地,重心落至左脚,完成变向。

这种运球变向的方式大多在突破分球时运用。

5. 转身运球

当对手逼近时,持球队员不能用直线运球或者体前变向运球突破时,可用运球转身技术摆脱防守。以右手运球为例,在变向时,左脚在前为轴,右手在右后转身的同时将球拉到身体的后侧方并按拍球落在身体的外侧方,之后变换左手运球,加速前进(图 6-13)。

图 6-13

6. 胯下运球

以右手运球为例。变向时,左脚在前,右手拍按球的右侧上方,把球从两腿之间运到身体的左侧,之后上右脚,换手运球,加速前进。

7. 背后运球

当右手运球从背后换左手时,右脚前跨,右手将球拉到右侧身后,快速转腕按拍球的右后方,使球从背后反弹到左侧的前方,左脚同时向左前方跨步,换左手运球。

(二)运球的技术训练

1. 运球技术的训练方法

(1)原地进行高运球、低运球训练。左右手交替进行,原地体前左右手变向运球。右手运球按拍球的右上方使球弹向左侧,左手按拍球使球弹向右侧。反复进行练习。

(2)原地进行胯下左、右运球训练。运球者右手持球加力使球从胯下向左反弹,左手引球后,再加力使球从胯下向右反弹回,依次两手交替运球。反复进行练习。

(3)原地进行体侧前后推拉运球训练。运球者两腿前后开立,运球手按拍球的后上方使球向前弹出,运球的手快速前移至球的前上方,按拍球使球弹回。反复进行练习。

(4)对抗运球训练。两人为一组,每人运一球,在保证自己的球不被对方打掉的前提下寻找机会打掉对手的球。另外还可以几个人在固定区域内同时进行训练。

2. 运球技术训练的注意事项

(1)运球训练时应该重点抓好运球基本功的训练,从而有利于运动员提高控制球以及支配球的能力。在运动员初步掌握运球动作之后,应该训练抬头的运球技术,用手感来对球进行控制,并养成运球时目视前方、观察场上情况以及屈膝的习惯。

(2)训练过程中应该牢抓运球的关键,同时结合多种熟识球性的辅助性训练,练好手上功夫与脚步动作的快速灵活性。还应该特别加强对水平较弱队员的运球训练。

（3）在进行防守训练时,应该从消极防守到积极防守,在不断加强对抗的训练中不断提高队员的场上应变水平。

四、持球突破技术

持球突破是指持球队员将脚步动作、运球技术等相结合,迅速超越对手的一种攻击性技术。持球突破技术主要包括蹬跨、转体探肩、推按球以及加速等环节。

（一）持球突破的技术分析

1. 原地持球同侧步突破

以左脚做中枢脚从防守队员右侧突破为例。两脚左右开立,两膝微屈,降低身体的重心,持球于胸腹之间。进行突破时,上体积极前倾的同时,右脚迅速向右前方跨一大步,上体同时向右转,左肩向下压。右脚内侧用力蹬地,在左脚离地前,用右手推按球于右脚外侧前方,之后左脚迅速跨步抢位,快速运球超过对手（图 6-14）。需要注意的是,起动动作应该突然,跨步、运球应该迅速而连贯,中枢脚离地前球要离开手。

图 6-14

2. 原地持球交叉步突破

以右脚做中枢脚从防守队员左侧突破为例。两脚左右开立，两膝微屈，降低身体的重心，持球于胸腹之间。进行突破时，右脚向右侧前方迈出一小步，将防守者引向自己右侧的同时，用右脚前掌内侧快速蹬地，向左侧前方跨出一大步，上体稍微向左转，右肩向前下压，身体的重心向左前方移动，将球推引到身体的左侧，用左手推按球于右脚左侧前方，接着左脚蹬地加速超越对手（图 6-15）。需要注意的是，蹬跨动作要大而有力，转体探肩应该迅速。

图 6-15

3. 转身突破

(1)前转身突破

以左脚做中枢脚为例。突破前的准备动作与后转身突破一致。突破时将身体的重心转移到左脚,右脚脚前掌内侧蹬地,左脚为轴碾地,右脚随着前转身而向球篮跨步时,上体左转并压左肩。右手向右脚侧前方推按球,离手之后左脚蹬地,向前跨出突破对手。需要注意的是,身体的重心在突破过程中应该保持平稳,转身与突破动作之间应该紧密衔接。

(2)后转身突破

以左脚做中枢脚为例。背向球篮站立,双脚平行或者前后开立,两膝弯曲,降低身体的重心,双手持球于腹前。突破时,以左脚为轴后转身,右脚向右侧后方跨步,脚尖指向侧后方,上体后转并压右肩。右手向右脚前方推按球,左脚内侧迅速蹬地,向球篮方向跨出,换左手运球快速突破防守。需要注意的是,身体重心在突破过程中应该保持平稳,转身与突破动作的衔接要紧密。

4. 行进间突破

在快速移动中看到同伴传来的球时,应该迅速向来球方向伸臂迎球,同时用一只脚(侧向移动时用异侧脚)蹬地,双脚稍微离地腾起,向侧方或者前方跃出接球,形成与防守队员的位置差,两脚先后或者同时落地。落地之后,屈膝以降低身体的重心,保持身体平衡的同时注意护好球。摆脱移动、伸臂迎球和跨跳的衔接应该做到协调连贯;接球并急停要稳健;突破起动应该迅速而突然,同时保护好球,根据防守位置运用交叉步或者同侧步突破防守。

(二)持球突破的技术训练

1. 持球突破技术的训练方法

(1)有防守时的持球突破训练

如图 6-16 所示,⑤向圆顶斜插并接④的传球进行突破,△边退边防。④传球后,到原⑤的队尾,依次连续练习。⑤进攻后去⑦的队尾,⚠防守后则去⑥的队尾,接球者要主动迎上去,传球到位,突破时应该降低身体的重心,同时保护好球。

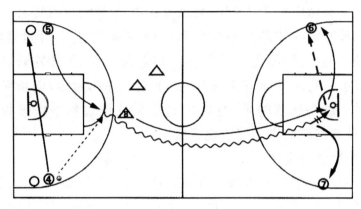

图 6-16

（2）无防守时的持球突破训练

①每人一球,进行原地持球交叉步与同侧步突破训练,通过该训练有助于练习者体会突破动作的技术要领以及身体各部位的协调配合。

②接球急停突破练习。两人为一组,无球队员向有球同伴示意接球方向,之后移动接球并急停做交叉步或者同侧步突破,轮流进行。

2. 持球突破技术训练的注意事项

（1）训练过程中应该积极培养运动员的良好突破意识,提高其场上的观察判断能力,掌握合理的突破时机,从而不断提高持球突破的能力。

（2）训练过程中应该注意技术动作的正确规范,让运动员学会两脚都能做中枢脚,以及明确规则对技术动作的要求。

（3）训练过程中应该培养顽强的场上作风,敢于在贴身紧逼中运用突破技术。同时,还应该有针对性地培养灵活的突破技巧,使练习者逐渐学会利用位置差、时间差、节奏变化以及假动作等方式,更好地发挥突破的作用与威力。

五、投篮技术

投篮技术是指在篮球比赛中进攻队员将球从篮圈上方投入对方球篮所采取的各种专门动作方法的总称。投篮技术是篮球运动发展的核心内容。

(一)投篮的技术分析

1.原地双手胸前投篮

两脚左右或者前后站立,两腿稍微弯曲,前脚掌着地,上体稍微向前倾,眼睛注视瞄准点,双手五指保持自然张开,捏球两侧稍后部位,两拇指相对成"八"字形,用手指与手掌接触球,手心空出,持球于胸前,屈肘靠近身体。进行投篮时,两脚蹬地身体伸展,同时两臂向前上方伸出,两拇指向前上方用力推送,手腕稍微外翻,使球从拇指、食指、中指的指尖投出,向后旋转飞行。

2.原地单手肩上投篮

以右手投篮为例。双脚开立,两膝稍微弯曲,将身体的重心落在两脚之间,上体稍微向前倾,右手翻腕托球于右肩前上方,手指自然张开成球状,手心不要贴球,球的重心要落在中指与食指之间,左手帮助扶在球的侧下部,右肘自然下垂,腕关节放松;下肢蹬地的同时,右臂向前上方伸展,手腕向前扣动,手指拨球,将球柔和送出。手腕在出手后应该保持放松,手指自然向下(图 6-17)。

3.行进间投篮

(1)行进间单脚起跳单手低手投篮

以右手投篮为例。右脚跨出一大步,双手同时接球,用身体保护球,接着左脚迈出一小步制动的同时用力起跳,然后充分伸展自己的身体,右臂伸直向篮圈方向举球(手心向上),当举球手接近篮圈时,用向上挑腕和以中间三指为主的拨球动作使球通过指端投入篮筐(图 6-18)。出手之后,双脚同时落地,两腿弯曲,从而起到缓冲的作用。

图 6-17

图 6-18

(2)行进间单脚起跳单手高手投篮

以右手为例。右脚跨出一大步的同时接球,接着左脚跨一小步并用力蹬地起跳,右脚屈膝上抬,同时举球至头上方,当身体接近最高点时右臂向前上方伸展,手腕前屈,食、中指用力拨球,通过指端将球投出。

(3)行进间勾手投篮

以右手投篮为例。接球或者停止运球之后,左脚向便于投篮的方位跨出一步并起跳,左肩靠近防守的队员,右腿顺势自然上提,眼睛注视篮圈,左手离球,右手持球向右肩侧上方伸出,举球到头的侧上方时挥前臂,以屈腕、压指动作通过食指、中指把球投进。

4. 原地起跳肩上投篮

以右手投篮为例。双手持球于胸腹之间,两脚左右(或前后)开立,两膝稍微弯曲,将身体的重心落于两脚之间,上体保持放松,眼睛注视篮圈。起跳时,两膝适当弯曲(两脚前后开立时也可上一步再做此动作),接着前脚掌蹬地发力,迅速向上摆臂举球并起跳,双手举球于肩上或者头上,左手扶球的左侧。当身体上升到最高点或者接近最高点时,左手离球,右臂向前上方伸展,同时突然发力屈腕,以食、中指拨球,通过指端将球投出(图 6-19)。

图 6-19

5. 运球、接球急停跳投

在运球急停或者接球急停投篮时,可采用跳步或者跨步急停的动作方法,双手在停步的同时随起跳持球上举,当身体接近最高点时辅助手离球,投篮臂向前上方伸直,手腕前屈,食、中指用力拨球将球投出。

(二)投篮的技术训练

1. 投篮技术的训练方法

(1)原地进行徒手模仿投篮技术动作训练,体会动作方法。

（2）原地徒手进行多种角度的投篮练习，体会瞄准方法。

（3）原地进行跳投模仿训练。

（4）原地徒手进行正面的定点投篮训练，投篮的手法要正确。

（5）两人为一组，相距4～5米进行对投训练。

2. 投篮技术训练的注意事项

（1）进行投篮训练时，练习者应该掌握正确的投篮技术动作，并在此基础上将投篮与摆脱防守、传球、接球、运球、突破、抢篮板球、脚步动作以及假动作等技术进行有机结合，从而培养篮球场上的应变能力。

（2）在战术背景下进行投篮训练，应该积极培养良好的配合意识，从而提高投篮技术的能力。

（3）练习者应该重视投篮时的心理训练，从而提升其投篮的命中率。通过比赛以及一些特殊的训练手段，提高自身的抗干扰能力，从而能够在一定的心理压力下有较高的投篮命中率。

六、抢进攻篮板球技术

抢篮板球技术是指在空中拼抢投篮不中的球的技术动作。抢篮板球技术具体包括抢进攻篮板球与抢防守篮板球两种。下面将对抢进攻篮板球技术做出具体分析。

（一）抢进攻篮板球的技术分析

处于篮下或者内线队员抢进攻篮板球，当同伴或者自己投篮时，靠近篮下的队员应该迅速对球反弹的方向进行判断，同时通过假动作绕胯挤到对方的身前，利用跨步或者助跑起跳跳到最高点进行补篮或者直接摘得篮板球。

处于外线位置队员抢篮板球，在同伴进行投篮时，如果进攻队员面向球篮，首先应该观察判断球的反弹方向、速度以及落点，然后突然起动冲向球反弹方向进行补篮或者抢获篮板球。以从防守人身后左侧冲抢为例，当进攻队员面向球篮时，右脚向右侧跨步,向右侧做假动作,之后以左脚为支撑脚,右脚向左跨出一小步,将身体的重心转移到左脚,右脚立即向前跨步绕前,挤靠防守人,跳起抢篮板球或者补篮。

抢进攻篮板球的动作如图 6-20 所示。

图 6-20

(二)抢进攻篮板球的技术训练

1. 抢进攻篮板球技术的训练方法

(1)原地连续双脚起跳或者前、后转身跨步连续起跳,同时用单手或者双手触篮板或篮圈 10～20 次。练习过程中应该注意动作的连贯性。

（2）两人为一组，一人向篮板或者篮圈抛球，另一人以面向持球人的基本姿势站立，准备抢球，之后转身跨步（上步）起跳用单手或者双手抢球。

（3）两人为一组，站位于篮下两侧，轮流跳起在空中用双手将球托过篮圈，碰板传给同伴。需要注意的是，必须在跳到最高点时托球，两人都做完一次为一组，连续托球 15～30 组。

2. 抢进攻篮板球技术训练的注意事项

（1）该训练应该在战术背景下进行，并将抢篮板球技术与战术结合起来进行训练。

（2）应将抢篮板球技术与其他技术结合起来进行训练，抢防守篮板球与一传、运球突破技术相结合，抢进攻篮板球与补篮或二次进攻相结合进行训练。

（3）应该注重抢篮板球技术的实战训练，加强抢篮板球的对抗训练，抢防守篮板球应该先挡人后抢球，抢进攻篮板球应该先冲抢占据有利位置之后再抢球。

第三节　篮球防守技术学练方法

一、抢球、打球、断球技术

抢球、打球、断球都是具有很强攻击性的篮球防守技术，这是运用积极性防守战术的基础。随着篮球运动的不断发展，抢球、打球、断球技术在篮球运动中的应用也更加广泛。

（一）抢球、打球、断球的技术分析

1. 抢球技术分析

（1）拉抢

在拉抢之前，防守队员应该准确抓住对手的持球空隙部位，突然用两手抓住球之后猛拉,进而抢夺球权。

（2）转抢

在防守队员抓住球的同时应该迅速利用手臂后拉以及两手转动的力量,将球从对方手中抢夺过来。抢球过程中,为了加大夺球的力量,防守者可以利用转体的身体动作,让对方无法握球。如果抢球未果,应该尽可能与对手造成"争球"。在转抢时,防守队员还应该做到动作的快速、准确、突然。

2. 打球技术分析

（1）打掉对方手中的球

①打持球队员手中的球

在进攻队员接到球的一瞬间,没有对球进行很好保护或者由于观察场上情况而失去警惕时,防守队员应该迅速上步打球。通常来讲,当进攻队员持球部位较高时,防守队员可采取由下而上的方法打球。打球时,掌心应该向上,手指与指根击球的下部。如果对方的持球较低,应该多采取由上而下的方法打球。打球时,掌心向下,用手指和手掌外侧击球的上部。同时,防守队员应该注意上步要迅速、突然。

②打运球队员手中的球

以右手运球为例。在对方的运球队员向前推进时,防守队员应该用侧后滑步移动,用右手臂堵住运球队员左面,防止他向自己的右侧变向运球,左手臂干扰运球。在球刚从地面上弹起,还没有接触到运球队员的手时,应该及时用手指、手腕和前臂的力量从侧面将球打出,并及时上前抢球。注意干扰对方运球,从而创造出打球的机会,并及时上前抢球。

③打行进间投篮队员手中的球

当进攻队员运球上篮时,防守队员应该随进攻队员进行移动,当防守队员跨出第一步接球时,应该及时靠近,当进攻队员跨出第二步起跳举球时,迅速移动到他的左侧稍前方,用手从他的胸部向下将球打落。在打球时,防守队员的脚步应该伴随投篮队员进行移动,同时保持合适的距离,从而把握好打球的时机与打球的有利位置。

（2）盖帽

盖帽时,防守队员应该注意降低自己身体的重心,快速移动并选择有利的方位,对对手起跳与投篮出手时间进行准确判断,及时起跳;起跳之后迅速伸展自己的身体,高举自己的手臂,当对方球出手时,用手腕动作将球拍出或者打掉。需要注意的是,防守者的手臂与身体应该充分伸展,用前臂、手腕、手指动作打球,动作要短促而有力。

3. 断球技术分析

（1）横断球

横断球时,运动员应该屈膝降低自己身体的重心,当球刚由传球队员手中传出的一瞬间突然起动,单脚或者双脚用力蹬地跃出,保持身体的伸展,两臂前伸将球截获。如果距离比较远,可以进行助跑起跳。在进行横断球时,运动员应该注意屈膝降低身体的重心,把握球出手的时机要准确,用力蹬地,伸展自己的双臂来迎球。

（2）纵断球

当防守队员从接球队员的左侧向前断球时,左脚向左侧前方跨出半步,之后侧身跨右脚绕到接球队员的前方,右脚或者双脚用力蹬地向前跃出,保持身体的伸展,两臂前伸把球截获。在纵断球时,防守队员的微蹬地动作应该迅速而有力,伸展自己的身体并保持平衡。

（3）封断球

在进行封断球时,当持球队员暴露了自己的传球意图或者传球动作较大或较慢时,防守者可以在对方球出手的一瞬间突然进行起动,伸臂封盖或者将球截获。封断过程中,防守者应该注意掌握好断球时机,动作应该迅速而突然。

（二）抢球、打球、断球的技术训练

1. 抢球技术训练

（1）两人为一组，相距 1.5 米，相对站立。一人双手持球于腹前，另一人按抢球动作的要求，突然上步将球抢夺回来。持球者由正常握球开始，不断加大握球的力量，使抢球队员体会和掌握拉抢和转抢的动作方法。在每人抢若干次后，攻守交换继续进行训练。

（2）原地抢球训练。两人为一组。持球队员在原地做投切结合的脚步动作，防守队员学习并体会抢球动作的要领。训练一段时间之后，互换攻守。在抢球过程中，应该保持正确的防守位置，控制自己身体的平衡；抢球的动作应该果断，主要以小臂、手掌、手指短促动作突然抢球。

（3）抢空中球训练。三人为一组，一人持球与其他两人面对站立，相距 3~4 米，持球队员将球抛向空中，另外两名队员迅速起动、选位、起跳、抢球。

（4）抢地滚球训练。队员在端线两侧面对面站成两列横队。教练在端线中点向场内抛球，左右对应的两名队员快速冲向球，抢到球的队员向对面篮筐进攻，没有抢到球的队员进行防守，轮流进行训练。同时，为了提高练习者的反应能力，可以将两边的队员进行编号，在教练叫到某号时，两边同号的队员应该马上起动抢球，抢到球者进攻，没有抢到的进行防守。

2. 打球技术训练

（1）接球时的打球训练。两人为一组，相距 1.5 米。持球人做出传球动作后，另一队员迅速上步打球，二人轮流进行练习。

（2）正面打运球队员的球的训练。在半场或者全场一攻一守的训练中，防守队员应该紧跟运球队员。当球刚从地面弹起时突然打球，两人轮流进行攻守训练。

(3)从背后抄打运球队员的球。两人为一组,一人进行持球突破,一人进行防守。在进攻队员持球突破的一瞬间,防守队员利用前转身上步,从运球队员身后,用靠近运球的手由后向前抄打球,之后进行上步抢球。两人轮流进行训练。

(4)抢篮板球下落时的打球训练。两人为一组站于篮下,一人把球抛向篮板,另一人跳起抢篮板球。在获得球下落转身时,投球者立刻上前打球。两人轮流进行训练。

3. 断球技术训练

如图 6-21 所示,④与⑤原地相互传球,在⑤未接到球之前,△从⑤身后进行纵断球,断球之后运球上篮,上篮后抢篮板球并将球传给⑦,⑦与⑥相互传球,在⑥没有接到球前,△蹿出横断球,断球之后运球上篮,上篮后抢篮板球再将球传给④,然△再排在⑥后面。如此反复练习。

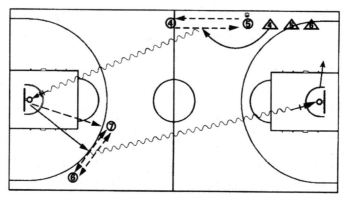

图 6-21

二、抢防守篮板球技术

在抢篮板球技术中,抢防守篮板球的技术能够由守转攻,创造出快速反击的机会,从而更利于获得比赛的胜利。

(一)抢防守篮板球的技术分析

在篮下防守、进攻队员进行投篮时,要根据对方球员移动的情况与位置,运用上步、撤步以及转身等动作将进攻队员挡在身后,同时抢占有利的位置。在篮下抢位挡人时,一般采取后转身挡人的方式,降低身体的重心,两肘外展,从而抢占空间的面积,并保持有利的起跳姿势。

对于处于外围的防守队员抢篮板球,在进攻队员投篮、防守队员面向对手时,应该认真观察对方球员,通过合理的技术动作利用转身阻止对手向篮下的移动,同时抢占有利的位置,这是进攻队员需要做的几个方面。在起跳抢球时,两臂上摆的同时两脚前脚掌用力蹬地,身体与手臂尽可能向球的方向进行伸展,达到在最高点时用单手、双手或者单手点拨球的方法来争抢。

（二）抢防守篮板球的技术训练

1. 抢篮板球技术的训练方法

（1）练习队员分别站成两列,根据口令进行徒手原地双脚起跳,进行单、双手抢篮板球动作模仿训练。

（2）队员持球向篮板或者墙上抛出后进行上步起跳,用双手或者单手在空中争抢反弹回来的球。

（3）练习队员分别站成两列并保持面对面,一步间距,两人一组进行训练。根据教师的信号,前排训练者进行前转身、后转身挡住后排训练者,多次训练之后进行交换训练。

（4）练习队员分别站成两列,每人一球向头上抛球之后起跳,双手或者单手进行空中抢球训练。

（5）抢占位置的训练。两人相距一米,面对面站立,进攻队员运用假动作设法摆脱防守占据有利的位置,防守队员通过采取转身将攻方挡住,同时起跳模仿抢篮板球的动作。多次训练之后进行攻守交换。

2. 抢篮板球技术训练的注意事项

（1）在抢篮板球技术训练过程中,练习者应该注意与其他技术相结合。

（2）抢篮板球的技术训练应该在战术背景下来进行，同时应该结合战术进行训练。

（3）在抢篮板技术训练过程中，练习者应该强调抢篮板球技术的实战训练，加强抢篮板球的对抗训练，抢防守篮板球强调先挡人后抢球，抢进攻篮板球强调先占据有利位置之后再进行篮板球的争抢。

三、防守无球队员技术

（一）防无球队员的技术分析

在篮球技术中，防守无球队员的技术主要包括防接球、防切入以及防摆脱。

1. 防接球

防守无球队员的首要任务就是防接球。防接球技术主要应该注意两方面的内容：一方面，应该积极采取行动去限制或者减少对方球员接触球，尤其是在有效攻击区内的接球；另一方面，在接球队员处于被动情况时，防守队员应该进行主动跟防、追堵，尽可能破坏对手接球。

在防接球时，防守者应该使对手与球都处于自己的视线范围之内，做到"人球兼顾"，并保持正确的防守姿势，屈膝降低身体的重心，方便随时向任何方向进行起动，特别应该注意起动与移动步法的衔接与平衡的控制，在动态过程中始终保持在对手与球之间偏向对手一侧的断球路线上，同时伸出同侧手臂形成"球—我—他"的钝角三角形的防守选位。

2. 防切入

防切入同样是一种防守无球队员的有效方法。防切入是指对进攻队员试图切入或者已经摆脱切入的防守。在防切入过程中,切记不可只看球而不顾人。防守队员应该始终遵守"人球兼顾、防人为主"的原则,让球与人始终在自己的视线当中。对方一旦有动作,应该采取凶狠顶挤、抢前等防守方法,让对方不能及时起动或者降低速度。如果从对方迎球方向切入,就应该主动堵前防守,如背对球方向则防其后,从而达到切断对手接球路线的目的。如果对手切入后没有得到球,就会在很大程度上降低对方进攻的威胁。

3. 防摆脱

防摆脱是防守无球进攻队员的一种重要方法,具体是指对无球进攻队员摆脱的限制与封堵。通常来讲,进攻队员在后场的摆脱主要是快下接球攻击,防守队员应该进行主动追防,同时注意传向自己对手的球,尽可能抢在近球侧的路线上堵截。在比赛当中,要完全控制进攻队员无球时的行动是非常困难的,因此抢占有利的防守位置就是防守无球队员的重点。

(二)防无球队员的技术训练

1. 防守无球队员的训练方法

(1)强侧、弱侧的防守训练

进攻队员在外围传球,可做摆脱接球动作,但不可穿插、掩护。防守队员应该根据球的位置进行相应的选位,积极防守摆脱接球,多次训练之后进行攻守的互换。防守队员应该根据球的情况适时调整防守的位置,从而做到人球兼顾以及正确的防守姿势。

(2)抢位与防底线突破训练

在防守者进行抢位以及防底线突破训练过程中,当前锋队员在限制区两侧30°以下位置接球时,防守者应该卡堵其底线突破,抢防底线突破的位置,让对方不能够从底线进行突破。对方一接球,靠近底线的一只脚应在前,并先堵死底线一侧。对方如果从底线进行突破,应快速滑步并结合堵截步将对方堵在底线外。训练过程中要求防守队员做到迅速到位。先卡堵死底线,之后及时结合滑步与堵截步抢位堵底线。训练过程中注意防突破,还应该认真防守对方的下一个变化技术动作。

2. 防守无球队员训练的注意事项

(1)防守队员应该防止对手摆脱接球,同时做到人球兼顾,准确判断并掌握持球的队员以及其他进攻队员在场上的变化,从而便于及时采取相应的措施。

(2)当进攻者积极移动接球时,防守队员应该注意抢占有利的防守位置以及对方的移动路线,防止对方接球。

(3)防止对手的摆脱接球,不能够让对手在其有效攻击区与篮下4～5米的区域内轻松接到球,还应该主动积极地阻截对手的移动接球。

四、防守有球队员技术

(一)防有球队员的技术分析

1. 防运球

防守对方运球的目的主要是降低对方的运球速度,迫使对方改变其运球的方向,不让进攻队员向篮下运球,防止他在运球过程中进行突破。

一般情况下,为了不让对手运球超越自己,防守者应该与对手保持一臂左右的距离,双臂侧下张,两腿弯曲,在移动过程中始终保持正确的防守姿势,通过认真判断随时准备抢、打球。要想让自身的防守更加具备攻击性,也可采用贴近对手的平步防守,从而扩大防守的范围,增加对手完成动作的难度。在防守过程中,不应该用交叉步进行移动,应该用撤步与滑步,同时还应该抢在运球者的前面半步到一步距离进行阻挡,迫使对方向边线、场角或者双方队员比较拥挤的地方运球。当进攻者通过变速变向、急起急停等方法来摆脱防守时,防守者应该在其变换动作时及时抢前向后移动,占据有利的位置并控制好身体的平衡,快速变换自己的步法进行阻截。

2. 防传球

当持球队员离球篮较远时,其主要意图是向中锋传球或者转移球。防守过程中,防守者应该根据对方的位置与视线判断其传球的意图,控制对方进攻性的传球。在进攻队员接球之后,防守队员应该选择正确的位置,保持适当的距离以及调整好身体的重心,眼不离球并保持精神的集中,根据对手的位置、动作以及视线判断其传球的真实意图,挥动手臂进行干扰或者封堵。防守者应该特别防范对手向内线渗透性的传球,尽量迫使对方向外进行转移性传球。如果进攻队员运球成"死球"时,应该马上上前逼近,封住对方的传球出手路线。在对手传球出手之后,应该做到人球兼顾,防止对方的摆脱切入。

3. 防突破

防突破的主要目的是防守进攻队员的持球突破,它主要包括防背对球篮突破的持球队员与防面向球篮的持球队员两种类型。

（1）防守背对球篮突破的持球队员

这种防守方法主要用于近篮区背向或者侧向球篮接球的情况,防守者应该保持"你—我—篮"的有利位置,靠对手不要太紧,应该保持适当的距离。对方接球之后是两脚前后站立时,如果后脚能够为中枢脚转身突破,就应该对其转身一侧多加防范,与对方同侧的脚向后撤半步,手臂侧伸,另一手臂封锁住对手一侧;当对方转身变向突破时,防守队员应该随之向后撤,前逼、侧跨步阻截;对手在接球时如果两脚平行站立,就应该根据对手接球位置离篮的远近进行防守,距离比较近时主要以防投篮为主,而距离较远时应该以防突破为主。

（2）防守面向球篮的持球队员

位置的选择对于防守面向球篮的持球队员来说非常重要。防守者应该根据进攻队员接球的位置、与球篮的距离与角度、来球的方向以及同伴防守位置的情况，堵强放弱，放一边、保一边，让对方改变方向，变换突破的步法，降低起动的速度，从而有利于自己及时抢角度，通过撤步或者滑步让对方无法超越。

4. 防投篮

防投篮的根本目的在于防止对方投篮得分，因此防守者应该做到"球到人到"。一般防守者可以采取斜步防守贴近对手（一臂距离，能伸手打到球），同时举臂挥动，干扰进攻队员投篮的意图，迫使对方改变动作，同时用另一臂伸向侧方，防止对手的运球突破或者传球。准确判断对手是否要投篮，识别其真假动作，及时起跳伸直手臂进行干扰，封堵其出手角度，改变投篮的飞行弧线，降低其投篮命中率。对手投篮球出手瞬间，手臂及时地干扰和封盖，防守者的反应应该迅速，这是防守队员防投篮的关键所在。

（二）防有球队员的技术训练

1. 防守有球队员的训练方法

（1）防投篮训练

①将队员分为两排，教练带领队员进行防投篮的模仿动作训练。

②两人为一组。一攻一守，持球队员练习投突动作，防守队员练习干扰球与撤、滑步动作。

③半场一防一训练。在前锋位置上摆脱防守得球后一打一，防守队员训练在接近比赛情况下的一对一防守能力。

（2）"二防三"防传球训练

五人为一组，进攻队员成三角形站位相互传球，两人在中间进行防守，一个对持球队员进行防守，另一人"一防二"。"一防二"的人应该根据防持球人的防守站位与封球角度来选择"一防二"的防守策略。需要注意的是,防守队员应该正确选位,同时进行积极的移动。

2. 防守有球队员训练的注意事项

(1)防守者应该认真观察、判断持球者的真正意图,同时及时实施对应措施,让自己始终处于主动防守的局面。

(2)防守队员应该注意防守对方的直接突破。

(3)在对方传球之后,防守队员应该注意防对方的空切。当对方投篮后,应该挡对方抢篮板球,同时积极保护防守篮板球。

第七章　学校篮球战术学练实践研究

现代篮球运动的发展在比拼技术和身体之外更加注重对战术的应用。精妙的战术不仅能够帮助球队以最高效的方式获得场上的主动,同时还能进一步丰富战术美的内涵,提高比赛的观赏性。为了高效执行战术,达成既定战术意图,无疑需要个人拥有良好的战术意识和执行力。为此,本章就重点对篮球运动战术的学练方法进行研究,旨在为学生的战术能力提升提供指导。

第一节　篮球战术的基本理论

一、篮球战术的概念

篮球战术,是指比赛中的运动员通过合理、灵活、有针对性的运用技术组合,来达到与个别队员之间以及整体队员之间的相互协调配合的组织形式和方法。对于篮球战术的简单理解就是最大化地扬长避短,将本队的特长发挥出来以限制对方的优势,以此获得比赛的主动权。篮球战术外部表现是战术的形式,而内在的要求则是方法,但无论内外在的因素是什么,它都需要通过运动员表现出来,这是战术行动的实质。运动员在日常训练之中,战术训练内容要从实战出发,以篮球运动的基本规律和自身的条件为主要依据,根据本队实际人员配备情况打造与之相适应的攻防战术体系。

篮球战术之于比赛的重要性体现在:以比赛双方的具体情况为主要依据,充分运用队员已获得的身体、技术、心理等方面的能力,在战术的作用下凝聚全队的力量,以使运动员可以在同一个战术体系下发挥各自的技术特长。

篮球运动是一项在一定时间与空间内以球为争夺物进行攻守对抗的竞技活动,双方对球权争夺的激烈度以及在攻守转换上的快节奏,形成了篮球运动两大基本战术形式,即进攻战术与防守战术。这两种战术形式需要根据实际情况进行不断的变化,使得双方在场上争夺的范围时小时大、时松时紧。再加上篮球从业人员不断在实战中总结战术运用的得失,使得篮球战术形式与运用得到了不断完善与发展。

二、篮球战术的体系构成

(一)篮球战术体系分类

以不同标准划分,篮球战术可以分为几种不同的形式。现代较为常见的分类方式主要有以下两种。一种是以篮球运动的对抗特征为依据的分类,即进攻战术和防守战术,而在篮球战术不断发展的过程中,这种以对抗特征为依据的篮球战术分类中又增添了一项,那就是攻守转换战术;另一种是以参与战术行动的区域与人数为依据的分类,即个人行动、配合行动和整体行动。

(二)篮球战术体系构成要素

篮球战术的结构是其战术行动的各个组成部分的搭配,这些组成部分主要包括战术指导思想、战术意识、技术、战术阵势和战术方法五个方面。下面逐一进行分析。

1. 战术指导思想

在一场篮球比赛当中,战术指导思想是全队必须贯彻始终的重要思想。其重要意义主要体现在两个方面:一方面这是教练员在制定战术的理想模式时必须遵循的准则;另一方面,战术指导思想是篮球战术的核心,即所使用的战术全都要围绕这个指导思想。所以,作为战术的灵魂,战术指导思想是否正确,直接决定了战术的选择、制定、执行、意图等战术行为是否有效,也决定了实施的战术是否切实能够为球队控制场上的局势产生作用。

2. 战术意识

对于战术意识的理解要从广义和狭义两个角度进行。

广义的战术意识是人在战术活动中形成心理反映的高级形式,也是人脑对战术活动的应答和反应。而狭义的篮球战术意识则是运动员根据比赛情况产生的思维和反应,并由具体的身体行动来展现。能够反映运动员"战术思维"能力的是战术意识,这个能力的提升并不容易,需要运动员自身有良好的悟性,积极、主动地思考与钻研以及经过长期的训练才能获得。因此可以说,战术意识是运动员在比赛中以战术意图和比赛实际情况为主要依据,自觉地、能动地对自己的比赛行动进行支配和控制的一种行为。

需要说明的是,意识与行动总是相互统一、相互促进的。拥有良好的战术意识就更能在复杂的局面中高效执行战术,更能在关键时刻创造性地完成战术。行动是最终实现战术意识的直接行为,行为也就是战术意识的外在反映。

拥有良好战术意识的运动员在篮球比赛中总是能在定向、抉择、反馈、支配等方面做得更好,甚至是先对手一步对战术进行判断和实施,总是大概率抢占先机,而这是决定一个战术或战术体系能否获得成功的关键。

3. 技术

对于战术来说,技术是万不可或缺的,其重要的原因在于技术始终是战术的载体与具体内容。技术和战术有着非常密切的关系,而且在篮球比赛中往往没有明显的区分,常常作为同一现象存在。篮球运动战术是由多种技术构成的,不存在单一技术组成的战术。由此看来,运动员的技术水平基本可以决定他们对战术的执行能力,进而可以预见战术的执行质量。因此,运动员的技术越是全面、熟练和准确,就越能够达成战术目标。

运动理论认为,体育比赛活动中必然有动作和行动两个基本要素。其中,动作是行动的构成元素,行动由动作组成。那么基于这个理论,在篮球运动当中篮球技术就是篮球战术的构成要素,而篮球战术作为一种行动,就是由篮球技术所组成。

4. 战术阵势

篮球战术阵势,是指篮球运动中具有稳定的形态和行动的方式。篮球运动中的许多战术行动都要以战术阵势的形式来展现。篮球运动中的战术形式多样,但不论是何种形式,都有一个名称用来区别其他战术,并且与其相关的一切元素都能得到确定。例如,区域联防战术有"2—1—2""3—2""2—3"等阵势,尽管阵势不同,但它们都属于区域联防战术中的一种,阵势的不同主要是为了应对对方不同的进攻特点。

5. 战术方法

篮球战术方法是完成战术行动的原则、要求和程序。对于一个战术来说,其实施的方法就是这个战术的核心。

战术方法对篮球比赛的作用在于战术方法是战术行动构成的内在基本要素,还在于战术方法还对行动的时机及技术选择运用要求,并对人、球移动的方向和路线等进行了相应的规定,为了高质量执行战术,其中很多规定有着非常严苛的要求。从整体上来看,战术方法是从实践中规范出来的活动程序,战术方法中的诸多要素只有在合理组合的情况下才能发挥出作用。具体来说,其所依赖的因素主要为运动员的技术能力以及确保运动员能够正常发挥技术的战术阵势。

(三)篮球战术体系内容层次

在篮球战术体系中包含有个人行动、配合行动以及整体行动三个层次,每个层次的战术行动内容具体如下。

(1)个人行动内容。个人行动分为进攻行动和防守行动两个方面,进攻行动主要包括摆脱、切入、突破、投篮、助攻等内容,防守行动主要包括防守无球队员、防守有球队员等内容。

(2)配合行动内容。配合行动分为进攻行动和防守行动两个方面,进攻配合行动主要包括传切、掩护、策应等内容,防守配合行动主要包括绕过、交换、抢过、关门、夹击、补防等内容。

(3)整体行动内容。整体行动分为进攻行动和防守行动两个方面,整体进攻战术主要包括快攻、阵地进攻等内容,整体防守战术主要包括防快攻、防阵地进攻等内容。

三、影响篮球战术效果的几组关系

篮球比赛中的进攻与防守是一对对立统一的矛盾,如进攻端表现突出的球队难免在防守端有些薄弱,而善于防守的球队在进攻端有时则难有作为,当然如果能处理好进攻与防守的关系,使两者达到近乎平衡的状态,自然可以成为公认的强队。

只有在实施战术的过程中将技术与战术、战术与谋略、战术与战略、意识与行动等常见的具有密切联系的关系明确下来,才能够取得较为理想的战术运用效果。这里就针对这几种关系,来探讨其对篮球战术效果的影响作用。

(一)技术与战术的关系

在篮球运动中,技术与战术之间存在着一种相互依存的关系,这种关系极为紧密,不可分割。用简单的例子来说,如果球队战术制定得当,但运动员没有过硬的技术,那么即便通过战术跑出了空位投篮的机会也不见得就能够得分;而如果球队的战术设计不当,跑位、穿插、挡拆等环节频频受到对方阻扰,很难出现好的投篮机会,也难以进球得分。由此就能看出技术与战术两者之间的关系,即技术实现战术,战术为技术的发挥创造更好的条件。另外,在众多篮球战术中,有一些较为特殊,因为其对于某些技术有着非常高的依赖性,如主攻内线的战术需要依赖有内线单打技术突出的中锋作为战术支点,如果这个中锋球员没有过硬的单打技术,那么这一战术的最终执行结果不会理想。由此可以看出,战术和技术的关系是内容与形式的辩证关系,两者相互依存,并且对实践起着重要的指导作用。

实质上,战术就是在比赛中通过对技术进行不同形式的组合来创造更有利的攻防机会,战术只有通过技术才能表现出来。

（二）战术与战略的关系

战略高于战术,战术存在于战略之中,两者相互依存。对于篮球比赛来说都存在战略和战术两个层面,能够取胜依赖于这两个层面的发挥。篮球比赛的战略需要从宏观、整体的角度出发进行考量,其重要意义在于指导比赛的总体发展方向,战略得当始终是赢得比赛的基础。战术则是战略中的一种具体实施手段,其实施要始终围绕战略意图。如此看来,尽管战略和战术都是以解决比赛中的问题为目标,但两者之间的差别较大,其差别主要表现在研究范围和内容方面。

着眼于篮球比赛的全局可知,战略的主导地位要求战术始终要服从于战略,以实现战略目标为主要任务,比赛的最终目标在很大程度上是取决于战略。但战略是否能够实现,具体还要通过战术逐步落实。

（三）战术与谋略的关系

在篮球运动中,谋略是篮球比赛具体的计策、计谋。谋略的重要作用主要体现在将运动员篮球意识中施计或应变的思维活动充分体现出来,并且其还是针对比赛中出现的问题的一种快速解决方案。另外,出色的谋略还是展现运动员运动智能的标志之一。谋略与战术之间的紧密关系体现在谋略是战术的一部分,战术是谋略的总框架。

在现代竞争激烈的篮球比赛中,要想取胜,除了要练就过硬的技术和制定适时的战术外,还需要场上和场下都要有善于使用谋略的人。在如今的篮球比赛中经常能出现让人意想不到的谋略,这些谋略对比赛的走向起到积极的引领作用。如此可以说,篮球竞赛本身也是一个双方比拼智慧和谋略的场合,谋略较多且得当的一方自然能占到较多的优势。

(四)意识与行动的关系

对于篮球运动来说,意识与行动特指篮球意识和在篮球意识影响下的篮球行动。

战术意识与行动对篮球战术的执行与目标的达成会产生重要影响。篮球的意识与战术两者相互依存、相互影响。战术意识是运动员在篮球比赛中对战术运用规律性的认识与正确操作,其是篮球意识的核心。决定运动员战术意识的因素有灵活的头脑、敏锐的观察力、正确阅读比赛的能力及对不同局面做出相应的应答能力等,运动员的战术意识越强,战术目标达成几率就越大。

另一方面,战术行动也会对战术意识构成影响。具体表现为战术行动可以基本真实呈现运动员的竞技能力和经验,并且运动员长期的战术行动的积累也有利于培养他们的战术意识。

综上,可以基本总结出战术意识与战术行动的辩证关系为战术意识支配战术行动、战术行动反映战术意识,这种辩证统一的关系在篮球比赛的全过程中都能体现出来。

第二节　篮球进攻战术学练方法

一、基础进攻战术学练

(一)传切配合

1. 传切配合解析

传切配合主要包括传球和空切两部分。传切配合是通过队员之间利用传球和切入来创造进攻的机会,以达到预期的进攻目的。

传切配合的方法如下。

方法一:如图 7-1 所示,④传球给⑤,然后摆脱△的防守,切入接⑤的回传球并运球上篮。

方法二:如图 7-2 所示,⑤摆脱△的防守空切篮下,接④的传球上篮。

图 7-1　　　　　　　　　　　　　图 7-2

在进攻的人盯人防守或扩大联防及篮下拉空时都可以运用传切配合战术,配合过程中切入队员要善于掌握时机,传球要准确到位。

2. 传切配合的学练方法

(1)二人传切练习

如图 7-3 所示,④传球给⑤后做向左切入的假动作,然后变向从右侧切入,⑤接球后回传给④的下一位队员,并做向底线切的假动作,然后变向从左侧横切。④切入后至⑤的队尾,⑤至④的队尾。依次进行练习。变向切入动作要快,切入过程中要侧身看球。

(2)三人传切练习

如图 7-4 所示,④与⑤各持一球,④传球给⑥后从右侧切入接⑤传球投篮。⑤传球给④后,横切接⑥传球投篮。④、⑤投篮后自抢篮板球传给本组的另一人。按逆时针方向换位,连续进行练习。

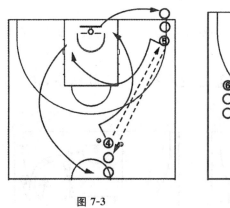 

图 7-3   图 7-4

（二）突分配合

1. 突分配合解析

突分配合是持球队员运球突破对手后，遇到对方换人、补防或"关门"时，及时将球传给无防守或进攻机会更好的同伴所采用的配合方法。突分配合战术的目的是进攻队员持球突破后，及时、准确地将球传出，创造更好的进攻机会，以达到预期的进攻目的。

突分配合的方法如图 7-5 所示，④传球给摆脱防守的⑤，⑤接球后向底线运球突破△的防守，并传球给摆脱防守空切内线或底线的④或⑥。

图 7-5

在突破过程中要注意观察攻守队员的位置变化,当遇到对方补防时分球给有投篮机会的同伴。

2. 突分配合的学练方法

方法一:如图 7-6 所示,开始时④持球突破,在突破中跳起分球给向两侧移动的⑦,⑦在接球后做投篮动作,然后传球给⑤,⑤接球后从底线或内侧突破,跳起传球给接应的⑧。位置交换,④到⑦之前的队尾,⑦到④之前的队尾。突破要有速度,注意保护好球。接应分球的队员要移动及时。

方法二:如图 7-7 所示,⊗传球给④,④接传球后向篮下运球突破,当遇到△补防时,将球分给移向空位的⑤,⑤接球投篮。△、△抢篮板球回传给⊗。④接球前要做摆脱动作,突破时要保护好球,⑤要及时突然移动至空隙地区接应。

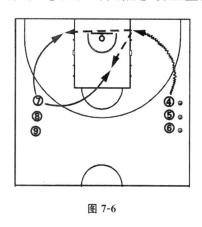

图 7-6

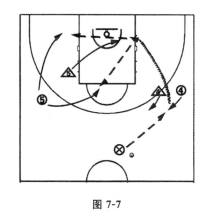

图 7-7

(三)掩护配合

1. 掩护配合解析

掩护配合是进攻者用身体挡住同伴防守者的移动路线,使同伴摆脱防守,获得接球和投篮的机会。掩护配合的目的是通过进攻队员之间的配合移动造成对方防守局部负担过重,以达到预期的进攻目标。

掩护配合的方法如图 7-8 所示,根据身体位置和方向的不同,可分为前掩护、侧掩护和后掩护三种。

图 7-8

进攻紧逼人盯人防守时,观察防守者的位置和行动意图,采用前掩护、侧掩护配合,并及时衔接掩护的第二动作,可获得良好的投篮机会。

2. 掩护配合的练习方法

方法一:如图 7-9 所示,将练习者分成两组,⊗站在④身前充当防守者,⑥跑到侧后方给④做侧掩护,④先做向左跨步切入假动作,待⑥做好掩护后,及时向另一侧切入,⑥适时地后转身跟进。然后两人互换位置,轮流进行练习。

方法二:如图 7-10 所示,⑥传球给④,然后去给④做侧掩护,④利用掩护运球切入时,△换防△,④可将球传给转身跟进的⑥投篮。

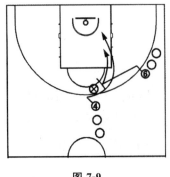

图 7-9

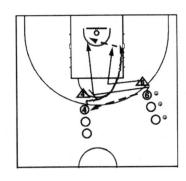

图 7-10

（四）策应配合

1.策应配合解析

策应配合是内线队员背对或侧对球篮接球后,与同伴的空切或饶过相结合,借以摆脱防守,形成里应外合的进攻配合。策应配合的目的是进攻队员通过运用策应配合战术,来创造进攻机会,以达到预定的进攻目的。

策应配合的方法如图7-11所示,④持球突破并传球给上提至罚球线的⑤,④纵切,⑥溜底线,⑤再传球给外围的④或底线的⑥。

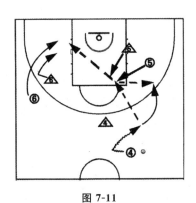

图 7-11

在进攻半场人盯人或区域联防时,多在限制区附近运用并获得切入投篮机会,在进攻全场紧逼人盯人时,可在后场掷界外球或在中场运用策应配合接同伴的传球,借此摆脱防守。

2.策应配合的学练方法

方法一:如图7-12所示,将练习者分为三组,按逆时针方向传球,传球后跑到下一组的队尾落位。

方法二:如图7-13所示,⑥传球给⑤,⑤回传并上提做弧线跑动要球,⑥传球给插上策应的④,然后切入篮下接④的传球上篮。三人轮转换位。

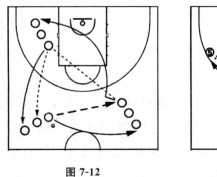 

图 7-12   图 7-13

二、快攻战术学练

（一）长传快攻战术

1. 抢篮板球后长传快攻

如图 7-14 所示，⑤抢到篮板球后，首先应观察全场情况，掌握发动快攻的时机，⑦和⑧及时快攻超越防守。⑤根据情况，长传球给⑦或⑧进行投篮。④⑤⑥应随后插空跟进。

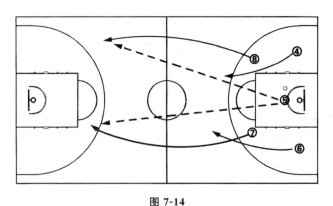

图 7-14

2. 抢篮板球后接应发动长传快攻

如图 7-15 所示，当⑤抢到篮板球后，⑦和⑧已经快下，但由于受到的严密防守，⑤不能及时长传，此时⑤可立即将球传给⑥，⑥接应后根据场上情况，迅速将球长传给已经快下的队员⑦和⑧进行投篮。

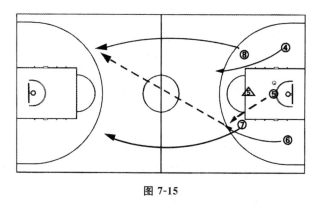

图 7-15

3. 掷后场底线球长传快攻

如图 7-16 所示,当对方投中篮后,离球近的⑥立即捡球跨出底线,迅速掷界外球,快速将球长传给快下的④或⑤进行投篮。

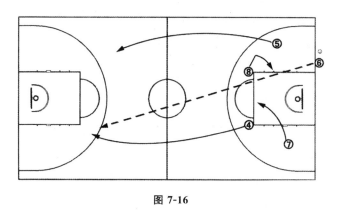

图 7-16

(二)传球与运球相结合的快攻

1. 快攻的发动与接应

要求获球的队员要具备发动快攻的意识,能全面观察场上情况,并迅速、及时、准确地进行第一传,接应队员应迅速摆脱防守,及时选择有利位置,如前场罚球线附近或两侧边线、中场两侧边线或本队习惯的接应点等。接应可以分为两种,即固定接应和机动接应。其中,固定接应又分为固定区域固定队员进行接应、固定区域不固定队员进行接应、固定队员不固定区域的接应等形式。机动接应是在防守队员抢到篮板球之后,根据场上的具体情况,将球传给接应位置有利的队员,这种类型的接应机动、灵活、不容易被对手发现,能够争取更多的时间。

2. 快攻的推进

传球推进是队员间运用快速传球向前场推进。这种推进的特点是速度快,对队员行进间传接球的技术要求高。推进过程中队员间要保持纵深队形,无球队员要积极摆脱防守,并随时准备接球;有球队员要判断准确、传球及时,尽量斜传球,避免横传球。

运球推进是指当接应队员获得球后快速向前场进行运球突破。在推进的过程中,还要注意观察场上的情况,及时将球传给处于有利进攻位置的队员,以加快进攻的速度。

在推进过程中,运动员根据场上情况,将传球与运球相结合,快速向前场进行推进,这样的方式有着较大的机动性,要做到能传不运,不能传时要快速地进行运球突破,以保持较好的推进速度。

3. 快攻的结束

快攻结束是快攻成败的关键,它是指在快攻推进至前场后最后完成攻击的阶段。在这一阶段,进攻队员要对防守队员的防守意图进行判断和预测,并选择最佳的进攻点,以保证进攻的顺利完成。本阶段,持球队员要进行准确的判断,及时、果断地进行传球或投篮,无球队员要占据有利于进攻的位置,伺机接球投篮,并积极进行抢篮板或补篮。

三、进攻人盯人防守战术学练

(一)进攻半场人盯人防守

1. 进攻半场人盯人防守的阵形

阵地进攻中,要根据本队条件和防守队的特点,以及选择的战术来确定进攻的队形,进攻人盯人防守战术要充分利用传切、掩护、突分和策应等基础配合,打乱对方的防守体系,并结合个人的攻击能力,创造得分机会。常用的阵地进攻队形有以下几种。

(1)"3-2"队形

如图 7-17 所示,该队形的进攻特点是有利于外围掩护、传切和中锋的策应与篮下进攻。

(2)"1-2-2"队形

如图 7-18 所示,该队形的进攻特点是有利于外围传切、掩护,中锋篮下移动。

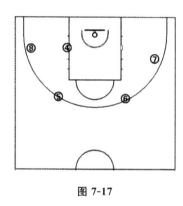

图 7-17　　　　　　　　　　　图 7-18

2. 进攻半场人盯人防守的方法

(1)掩护突破与空切配合

如图 7-19 所示,⑥传球给⑤,④提上给⑤做掩护,⑤借助④的掩护持球突破到篮下;同时⑧提上给⑦做掩护,然后转身插向篮下,准备接⑤的分球或抢篮板球,⑦借助⑧的掩护插向底线,准备接⑤突破分球,这样,⑤突破篮下时可以自己上篮、分球给⑦或④或⑧进行投篮共四个机会。

(2)掩护策应与传切配合

如图 7-20 所示,⑥传球给⑦,然后去给⑤做侧掩护,④做假动作后插到罚球线上要球,⑧去给⑦做侧掩护,⑦传球给④后,借⑧的掩护向篮下快下,⑤借助⑥的掩护插到圈顶准备策应跳投,④根据情况做策应跳投或传给⑦准备投篮。

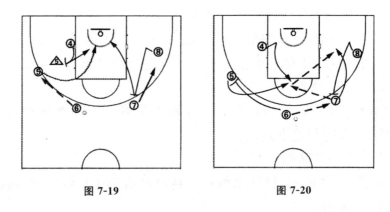

图 7-19   图 7-20

(二)进攻全场紧逼人盯人防守

1. 三人掩护配合

如图 7-21 所示,在对方全场紧逼掷端线界外球时,⑤、⑥、⑧迅速在罚球线附近面对④站成屏风式的掩护横队,⑦在罚球区的另一侧。采用这种落位阵式时,④必须有较强战术意识,传、运球要准确;⑦的突破速度要快、投篮要准确;⑤和⑥是接应队员,⑧是中锋,要有跟进策应和强攻篮下的意识。配合开始时,⑦首先向端线跑动,当防守队员阻拦接应时,迅速反跑,快下,准备接长传球快攻,⑥和⑤向边线移动接应第一传。如果④将球传给⑧,中锋⑧应该迅速沿右侧边线快下,⑤则迅速摆脱防守斜插中路接应,并运球突破,争取与⑧、⑦在前场以多打少。

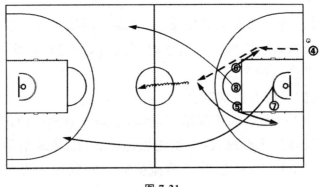

图 7-21

2. 两侧掩护配合

如图 7-22 所示,⑥、⑤在两侧接应第一传,⑧、⑦分别站在离⑥、⑤4~5 米处。掩护配合开始时,⑦和⑧分别给⑤和⑥做掩护,⑤和⑥利用掩护向两侧跑动,接长传球,破人盯人防守,同时,以防不测,⑦或⑧全力去接应第一传。

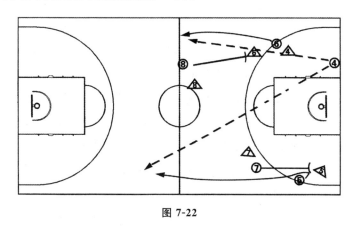

图 7-22

3. 中路运球突破

如图 7-23 所示,当⑦掩护后去接应一传,然后迅速从中路运球推进,⑤利用⑦的掩护,从边路快下,⑧和⑥交叉跑动,如果遭遇堵截,将球传给⑥或⑧,⑥或⑧接球后运球突破前场,以至篮下准备上篮。

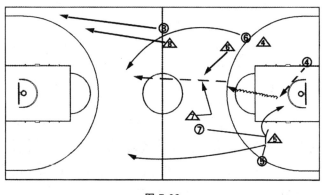

图 7-23

四、进攻区域联防战术学练

进攻区域联防的阵形有四种,在比赛中经常见到的有"3—2""2—3""1—3—1""2—1—2"等联防方式,其中"3—2""2—3"阵形比较常见。下面重点讲解这两种战术的方法。

(一)进攻"3—2"区域联防战术

如图 7-24 所示,"1—2—2"落位进攻"3—2"联防的队形;①为后卫,②、③为前锋。①向右侧运球,调整进攻位置,落在外中锋位置上的③空切后插到右侧底角,在右侧给防守造成压力,①、③、⑤进攻△、△防守的局面,①可传球给③投篮,如果△迎上防守③,③可将球传给内中锋⑤投篮。如果△下顺防守⑤,因△与⑤身高有差距,如果△的防守使⑤不能投篮时,⑤可传球给①投篮。当③向右侧斜插时,②也向弧顶拉出,注意队形的平衡落位。

如果③、⑤没机会传球给①,左侧内中锋④上插外中锋位置,接①的传球转身投篮或者④接球后,⑤横切篮下接④的传球投篮(图 7-25)。

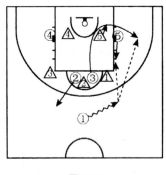

图 7-24

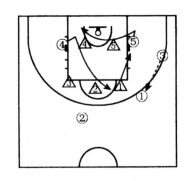

图 7-25

如图 7-26 所示,④传球给②,③溜底线并利用⑤掩护拉出接②的球,这时③有三个机会:一是传球给⑤,⑤转身投篮;二是传球给突然向篮下纵切的④,④投篮;三是自己投篮,投篮后,③、④、⑤抢篮板球,①、②保持攻守平衡。

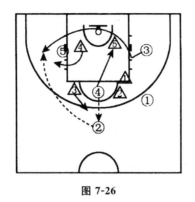

图 7-26

（二）进攻"2—3"区域联防战术

如图 7-27 所示，是"1—3—1"落位进攻"2—3"联防的队形，①利用弧顶一带的空当投篮或传球给外中锋④投篮；如果外中锋④接球后受到△和△围守时，④回传球给①，①再传球给右侧空当处的③投篮。如果③接球后△很快迎上防守时，则从篮下移动到右侧。④移动时，防守队员△和△会堵防其移动，这时左侧的②突然从 45°空当处向腹地空切接③的传球投篮。

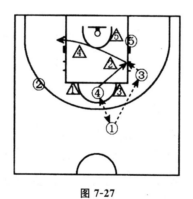

图 7-27

如图 7-28 和图 7-29 所示，②没有机会落在外中锋位置的右侧，则④移到左侧后上提，接③通过①转移过来的传球，这时右侧⑤利用篮下和左侧一带的空当横切接④的传球投篮，然后②、④、⑤冲抢篮板球，①、③保持攻守平衡。

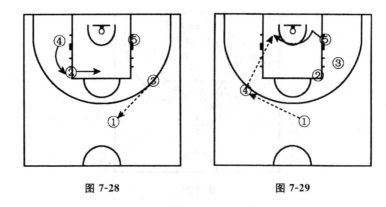

图 7-28   图 7-29

第三节　篮球防守战术学练方法

一、基础防守战术学练

（一）挤过配合

1. 挤过配合解析

挤过配合是当掩护者临近的一刹那，被掩护者的防守队员主动靠近自己的对手，并随其移动，从两个进攻者之间侧身挤进去，继续防守自己的对手。挤过配合的特点是始终靠近对手，不让其轻意拿球，但容易犯规。利用挤过配合，可以有效地遏制和破坏对手的掩护配合，以达到破坏对手进攻的目的。

挤过配合的方法如图 7-30 所示，④给⑤掩护，当④接近的一刹那，△抢前横跨一步贴近⑤，并从④和⑤之间主动侧身挤过去继续防守⑤。

在紧逼防守中，对方外线队员进行掩护时，防守队员采用挤过配合主动跟防方法，以达到紧逼目的。

2. 挤过配合的学练方法

如图 7-31 所示，④去给⑤掩护，当④接近⑤时，同时⑤准备移动,△要及时向前跨一步靠近⑤,并在⑤与④之间侧身挤过继续防守⑤。⑤去给⑥掩护,△按△同样的动作挤过。依次进行循环练习,然后攻、守互换。

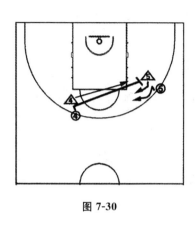 

图 7-30   图 7-31

（二）穿过配合

1. 穿过配合解析

当进攻队员进行掩护时,防守掩护者的队员主动后撤一步,让同伴（即被掩护的防守队员）能及时从自己和掩护队员中间穿过去,继续防守自己的对手,称穿过配合。穿过配合的特点是防守者始终离对手不远,又不容易犯规,但需要同伴的及时配合。采用穿过配合,可以有效地遏制和破坏对方的掩护配合。

穿过配合的方法如图 7-32 所示,当④给⑤掩护时,△上前一步从△和⑤之间穿过继续紧逼防守⑤。

在人盯人防守时,当进攻采用掩护但没有投篮威胁时,可采用穿过配合。

2. 穿过配合的学练方法

如图 7-33 所示,⊗在弧顶外持球,④、⑤、⑥轮流做定位掩护,△、△、⑥防守者练习挤、穿、换防守。当⊗弧顶传球给⑥时,④立即起动借⑤定位掩护摆脱防守切入,△做挤过、穿过或交换防守练习。⑤做完掩护后拉出，④切入后到限制区左侧做定位掩护，⑥将球传过弧顶后利用④掩护切入，△做挤过、穿过或交换防守练习。如此反复进行练习，到一定次数后攻守交换。

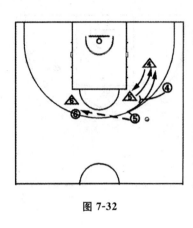

图 7-32　　　　　　　　　　　　图 7-33

（三）交换防守配合

1. 交换防守配合解析

交换防守是当对方进行掩护或策应时，防守者之间及时交换自己所防守对手的一种配合方法。利用交换配合，可以有效地遏制和破坏对方的掩护配合。

交换防守配合的方法如图 7-34 所示，当⑤给④掩护成功时，△和△要及时交换防守对象。

当对方掩护，防守者不能挤过或穿过进行防守时，可及时交换防守对象。

2. 交换防守配合的练习方法

如图 7-35 所示，⊗与④和⑥在外围传接球，当传球给④的同时，⑤给④做后掩护，④将球回传给弧顶队员，④借掩护之机切入篮下，这时△一边跟防，一边通知△，当④切入时，△突然换防④，并准备断弧顶队员传给④高吊球，此时△要抢占内侧防守位置，防止⑤接弧顶的球。

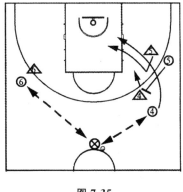

图 7-34　　　　　　　　　　　　　　图 7-35

二、防守快攻战术学练

防守快攻战术的方法有以下几种。

（一）堵截快攻的发动与接应

如图 7-36 所示，⊗投篮未中，当防守队员△抢到篮板球时，④立即转攻为守，迅速上前挥臂封其一传，⑥和⑤分别堵截△和△并接应一传。

（二）夹击第一传

如图 7-37 所示，当△抢到篮板球时，④和篮下的⑤合作夹击，⑥放弃快下的△，而及时去堵截△的接应，并随时准备断△传出的球。

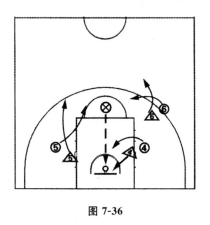
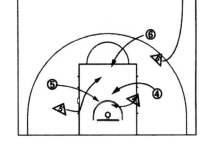

图 7-36　　　　　　　　　　　　　　图 7-37

— 215 —

（三）快攻结束阶段以少防多

1. 半场"一防二"

如图 7-38 所示，当⑥把球传给⑤，⑤沿边线运球推进时，△由中路稍向⑤一侧退防，在退防中要利用假动作干扰对手，当⑤又把球传给⑥时，△立即移向⑥一侧篮下，并随时断⑥回传给⑤的球或及时起跳封盖⑥的投篮和可能的二次篮板球进攻。

2. 半场"二防三"

如图 7-39 所示，⑤从中路运球推进时，△在前堵中路，△在后成重叠防守。当⑤把球传给⑥时，△上前防守⑥，△立即后撤兼顾防守⑤和⑦。当⑥沿边线运球突破时，△随之移动防守⑥突破上篮，这时△要向中区占据篮下有利位置兼防⑤和⑦。当⑥把球传给⑤时，△要立即移动堵截，△迅速向篮下移动兼防⑥和⑦。练习中要求：△和△在防守中要协同配合，人球兼顾，真假动作结合，抢占有利位置，并伺机断球。

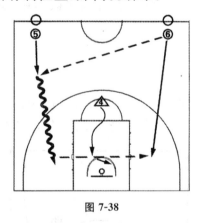
图 7-38

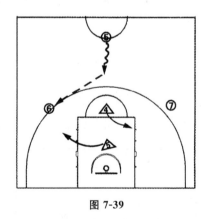
图 7-39

三、人盯人防守战术学练

（一）半场人盯人防守战术

1. 半场扩大人盯人防守

当对方外围投篮准确，突破能力及全队的整体进攻配合质量较差时,采用半场扩大人盯人防守战术可有效地遏制对方的习惯打法。有时也用于加强外线防守、切断内外联系,使中锋没有获球的机会,从而达到"制外防内"的防守策略。因此,这是一种防守目的明确且主动性、攻击性很强的防守方法。但由于扩大了防守,队员的体能消耗很大,不利协防,容易出现漏人的现象。

当比赛由进攻转为防守时,防守队员对于对方反击的速度要严加控制,马上后撤,对方进攻的持球队员进入半场后,防守队员要通过紧逼放慢其速度,使其无法突破。对于无球队员的防守,位置的选择最重要。

2. 半场缩小人盯人防守

半场缩小人盯人防守,基本控制的防守区域是在半场的二分之一区域内,它是以加强内线防守、保护篮下为主要目的的防守战术。这种防守战术多用于对方篮下攻击力较强、外围攻击力较弱的球队,它的防守区域较小,有利于协防,可以控制内线进攻、抢篮板球后组织快攻反击。

半场缩小人盯人防守的基本防守方法如下。

(1)破掩护、交换防守或协防

如图 7-40 所示,进攻队员⑤将球传给⑦后,⑤去给④做掩护,防守队△和△向后移动穿过去破坏对方的掩护;若对方掩护成功,△和△要及时交换防守,或△随之移动,继续去防④,其他防守队员相应向篮下收缩,进行协防。

(2)围守中锋防突破

如图 7-41 所示,当进攻中锋⑥威胁性较大,而其他外围队员⑦、⑤、④中远距离投篮不准,但又善于切入时,特别是⑥接到外围⑧的传球,除全力防守之外,△、△、△都要相应缩小防区。

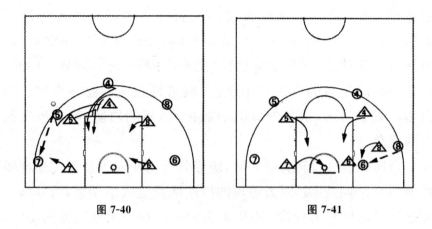

图 7-40   图 7-41

（二）全场紧逼人盯人防守

全场紧逼人盯人防守是在全场范围内与对手展开争夺，防守队员在不同防区的紧逼过程中，任务也有所不同，所以通常把球场划分为前场、中场和后场三个区域来组织防守。

1. 前场紧逼防守

（1）对方在后场外掷界外球时的紧逼方法

一对一紧逼形式，如图 7-42 所示，△积极阻挠④掷界外球，其他前场的防守队员采用错位防守，卡断传球路线，积极抢断球。后场的防守队员应提上防守，与对手保持稍远的距离，并随时准备抢断长传球。

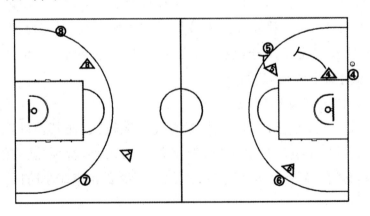

图 7-42

（2）夹击接应的紧逼形式

在上述一对一紧逼形式中，如果④是控制球能力很强的队员，是该队的主要接应者，△可以放弃对发球人的阻挠，转而对⑤进行夹击，阻止其顺利接应球。

（3）机动夹击接球者的紧逼形式

如图7-43所示，△和△分别站在对手的侧前方，阻止对手迎前接应。△放弃防守发球者，退到△和△的后面，随时抢断传给⑤和⑥的高吊球，△提上，准备抢断传给⑥的长传球，△向⑦方向靠一点儿，准备抢断传给⑦的长传球。

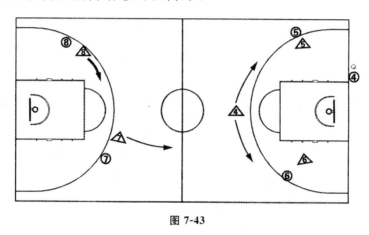

图 7-43

2. 中场紧逼防守

（1）在对方运球向前推进时堵中放边。

（2）同伴防守队员要根据场上情况和时机，大胆上前包夹对方运球队员。

（3）一旦包夹开始，后面的防守队员要向前补防，并积极抢断对手的传球。

（4）对手如将球传出或突破包夹，要立即回撤，重新组织防守力量。通过急与缓的节奏打乱对手的战术节奏。

3. 后场紧逼防守

一般来说，在后场应继续扩大防守，对持球队员积极封堵，尤其在底线场角,防守队员应积极组织夹击,破坏对方的进攻,促进其出现失误,继续给对方心理上施加压力。如果在前、中场防守时,由于交换盯人、轮转补防而出现防守队员中间高矮错配、强弱不均等现象,可以寻找适当的时机进行调整,以巩固后场的防守实力。

四、区域联防战术学练

(一)"2—3"联防战术

队员①在弧顶持球,外线△、△两名队员防守①、②、③三名队员,△在⑤的侧前方防其接球或上插横切接球,△在④的侧前方防守④接球、上插和横切接球(图7-44)。

△紧逼持球队员②,△向下移动协助△防守的同时防③横切。△在⑤的侧上方防守⑤接球并卡位封堵其上插。△向左侧移动保护篮下,△也向篮下移动保护并防守④和③横切、溜底线;如果②向下运球时,△要跟防并防其突破;当②运球到45°以下时,⑤的防守队员△应绕前防守,△应移到⑤的身后偏有球一侧与△夹防(图7-45)。

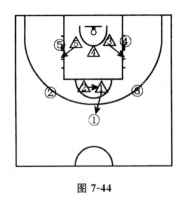
图7-44

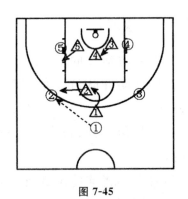
图7-45

如果②的落位在45°以下接到①的传球时,△立即绕出紧逼②,△则及时地移到⑤的后侧的近球侧防止⑤接球,△移动到篮下保护篮下一带并防③横切与溜底线;△向下移动协助△防②,并防

②回传球给①；△防守①和③，防其接球和向篮下空切（图7-46）。

图 7-46

如果队员②传球给内中锋⑤时，△回缩与△夹防⑤，△防守时要高举双手，双脚开立使对方不便撤步转身突破，并防其传球和投篮；△保护篮下并防守③向篮下空切，△、△也要回缩协防，并防①、③空切。

如果右侧队员③或内中锋④持球时，全队的防守方法应同左侧队员②或⑤持球时一样，只是方向不同。

当进攻队员穿插空切时，可按前面介绍的跟防、跟防换人的方法进行防守。对方投篮时，应先挡人然后再去拼抢篮板球。

（二）"3—2"联防战术

"3—2"联防阵形一般用于对方外线投篮较准的球队，而外线投篮准确的球队一般在外线有三名进攻队员，采用"1—2—2"落位的方法（图7-47）。如果队员①持球，五名防守队员如同人盯人防守，但在防守时更侧重于防守区域内的盯人，同时也要按"球—人—区"的防守原则进行防守和协防。△、△不能让②、③轻易接到球，更不能让②或③在习惯投篮的位置上和区域内接球投篮，必须把②或③逼出投篮区以外，同时也要堵防其向篮下空切。△在⑤的侧上方防守，卡位封堵⑤上插接球和横切。△可稍远离④，但注意保护篮下并防④横切和溜底线。

当①传球给②时，△紧逼②，△向下移动协助△防守并防①空切，△向限制区的上方移动，保护篮下并防③横切；△保护篮下的同时防④横切和溜底线，△在⑤的侧上方防守⑤上插和接球。

（图 7-48）

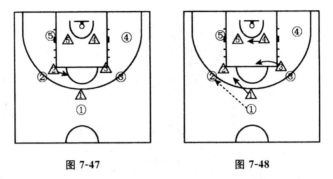

图 7-47   图 7-48

当队员③持球，其防守方法同左侧队员②持球一样，只是方向相反；因为④落在前锋位置，这时△要靠近④防守，避免④随便接到球，而△还可以再向下移动，这样既可以保护篮下又可以防守⑤向篮下空切或上插接球。

如果②或③持球时，应注意保护篮下，并积极封堵给④或⑤的传球。因为篮下很容易造成被对方突破、空切或接球投篮得分的机会。

如果④或⑤接球，则会带来被动防守，这时外线防守队员△、△、△视情况快速回缩保护篮下或协防。如果内线进攻弱于外线时，那么④或⑤接球后，也可以采用在篮下"一防一"结合协防的方法进行防守。

"3—2"联防时，如果进攻队员采用空切、穿插移动的方法进攻，那么防守时应采用跟防或跟防后的换防的方法防守。对方投篮时，要先挡人然后拼抢篮板球。

第八章 学校篮球游戏学练实践研究

篮球游戏是以篮球运动为基础并加入一定的娱乐性元素而形成的有利于篮球运动技能提升的学练方法。现如今,在学校篮球学练中安排适当的篮球游戏有助于创造活跃的教学氛围,且更容易调动学生的学习积极性。为此,本章重点讲解学校篮球游戏学练的方法。

第一节 篮球传接球游戏

传接球在篮球运动战术中是一项重要的连接技术,其也是展现团队实力的重要技术。为了提升学生的传接球技术能力,可以将这项技术的学练方法加以修改和创新,加入更多的娱乐化元素,使之成为一个专项技能培养游戏,以获得较好的教学效果。

一、两人传三球

准备环节:一块标准篮球场地,篮球每两人三个。

组织方法:如图8-1所示,学生分为两人一组,相距四或五米,面对面站立。两人用三个球做原地的单手体侧传接球,要让球不停运转直到规定时间,累加其传球次数,次数多者获胜。

游戏规则:

(1)计算传球次数以开始手持两球的学生传球次数为准。

(2)传球失误时从失误处继续累加下去。

(3)三个球要始终保持运转,不能有明显停顿。

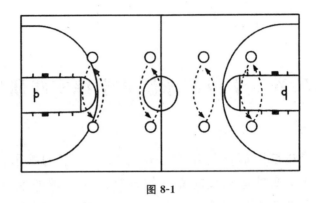

图 8-1

二、两传一抢

准备环节：一块标准篮球场地，篮球每三人一个。

组织方法：如图 8-2 所示，学生分为三人一组，其中两人为传球人，相距大约三米，相对而立，第三人为抢球者，站在两个传球人中间。游戏开始，两传球人以各种方式相互传接球，不让中间的抢球者抢到球；位于中间的抢球者则以快速的来回移动抢截两传球人传出的球，如果其中一个传球人的球被抢球者的手摸到，则两人互换角色继续。

图 8-2

游戏规则：

（1）两传球人不得拉大传球距离，接球后中枢脚不得移动，违者算犯规。

（2）不得传高吊球，否则算犯规。

三、传球比准

准备环节：一块标准篮球场地，篮球若干个。

组织方法：如图 8-3 所示，在篮球场的一个半场罚球线两端画两个直径为 2.5 米的圆圈，学生分成人数相等的两组站在篮球场后场端线后，每组派一名同学站在圆圈内，端线后的学生每人一个篮球向圈内的同学传球，接球人不能出圈接同组的长传球，在圈内接住一个球计 1 分。每组轮流一遍后得分多的组获胜。

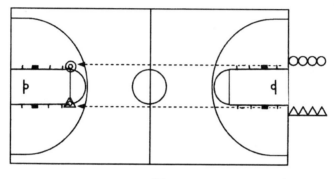

图 8-3

游戏规则：

(1)圈内接球人出圈接住的球无效。

(2)传球人不能越过端线传球。

四、传球比多

准备环节：一块标准篮球场地，篮球一个。

组织方法：如图 8-4 所示，学生分为人数相等的两队，比赛以中圈跳球开始，在整个篮球场内得球一方在本队学生之间连续传接球 15 次不被对方抢断，即得 1 分；如传接球未到规定次数而被对方抢断或自己失误，则取消已传次数，直到该队重新获得球后再从头计起；在规定时间内得分多的队获胜。

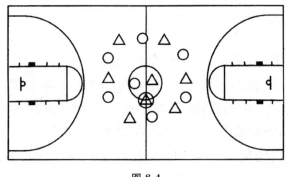

图 8-4

游戏规则：

（1）有球一方只能传球，不得运、投、带球走，否则算违例。

（2）抢断球时不得有犯规动作，否则抢到球无效，球交给对方后在犯规处重新开始比赛。

（3）同队之间传接球已超过规定次数，而球尚未被对方抢去，可继续传接得分。

（4）同队两人间传接球不得连续进行，否则算违例。

五、传球追逐

准备环节：一块标准篮球场地，篮球两个。

组织方法：如图 8-5 所示，学生分为人数相等的两队，相互交错站成一个圆圈，圆圈的直径约 10～12 米，每队各出一人手持一球背对背站立在圆圈中央。游戏开始，圆圈中的学生按同一方向传球给本队每一个人，该队的每个学生接球后又把球回传给圈中人，连续进行，两队所传的球互相追逐，超越对方的队获胜。

游戏规则：

（1）任何人不得故意干扰对方传球，否则算失败。

（2）圈中人只能在中圈内移动和逐一把球传给本队学生。

（3）传球失误或违例均算该队失败。

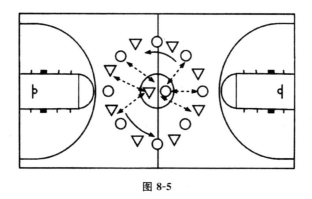

图 8-5

六、传球摸人

准备环节：一块标准篮球场地，篮球一个。

组织方法：如图 8-6 所示，参加游戏者分散在场内任意跑动，指定两人传球，在不准走步、运球的情况下，传球人通过传球去追逐并及时用球去触及场上跑动的人，被触及到者参加到传球人的行列，最后看谁没被触及到。

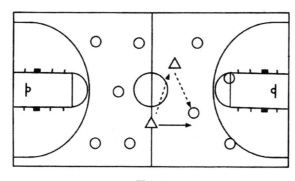

图 8-6

游戏规则：

（1）徒手学生不准超出规定的场地线，否则算被触及到。

（2）传球人只能用传球去"触及"徒手学生，否则无效。

七、传球接力

准备环节：一块标准篮球场地，篮球四个。

组织方法：如图 8-7 所示，把学生分为人数相等的四个队，分别站立在半场的两边线、端线、中线后，四队均面向场内站立，每队各由一人手持一球面向本队站立于罚球圈内。游戏开始，圈中的学生按规定动作把球给本队第一人后，即跑回本队队尾，接球者马上起动把球运至圈内，再按同样的规定动作把球传给本队第三人，自己回到队尾，如此循环下去直至全队每人做一次，先做完的队获胜。

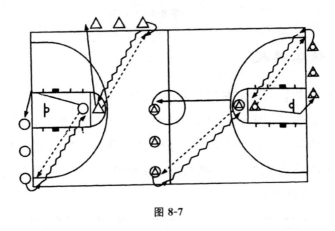

图 8-7

游戏规则：

(1)传接球失误，由失误的两人回到原处重做一次。

(2)传球或接球都不能越线，否则犯规者必须重做一次。

第二节　篮球运球游戏

一、运球追逐

准备环节：一块标准篮球场地，篮球六个或若干。

组织方法：如图 8-8 所示，学生两人一组，每人一个球，按图示路线相互追逐，追上得一分。然后恢复到原来的位置上，换另一只手运球追逐，这样重复练习。在规定的时间内，得分多者获胜。

游戏规则：

(1)运球者只能在圈外运球追逐，不得踩线或进入圈内；凡出现一次踩线或进入圈内就算被对方追拍到一次。

(2)运球失误时要把球捡起来在失误处继续，此时追拍到前方者无效。

(3)必须用规定的手运球，否则追拍到前方者无效。

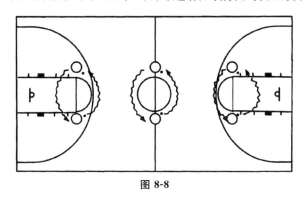

图 8-8

二、运球打擂

准备环节：一块标准篮球场地，篮球每人一个。

组织方法：如图 8-9 所示，将学生分成若干组，每组三人。守擂一组的同学分别在篮球场的三个圈内运球，打擂一组的同学每个圈内进一人运球，同一个圈中的两个同学在运球过程中相互拍打对方的球，拍打到对方的球算胜，胜方得一分。每一组得到两分以上算获胜，负方下去，再换一组，如此反复直到最后算守擂成功。

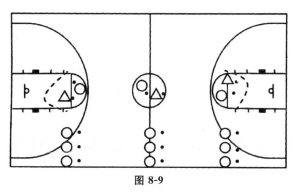

图 8-9

游戏规则：

（1）应主动拍打对方的球，不能消极进攻。

（2）运球相互拍打时不能出圈，否则对方得一分。

三、变向运球接力

准备环节：一块标准篮球场地，篮球两个。

组织方法：如图 8-10 所示，将学生分成人数相等的两队，分别面向场内站在同一端线的两个场角上，排头各持一球。游戏开始，排头学生运球起动，在第一个障碍物前做变向换手运球，在第二个障碍物前做背后运球，在第三个障碍物前做后转身运球，然后运球分别到另一端线的两个场角，返回时仍按原路线和方法进行，并以手递手的方式把球交本队的下一名学生，直至全队每人轮流完一次，以速度快的队获胜。

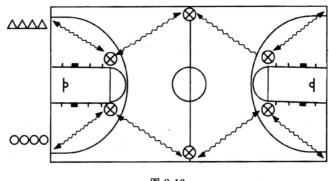

图 8-10

游戏规则：

（1）运球中必须有一只脚踏入罚球圈或踏到边线中点或前场场角，方能继续向预定方向运球前进，否则判为犯规。

（2）凡是被判犯规者，其所跑次数无效，判其在本队最后重跑一次。

（3）交接球必须以手递手方式进行，否则判为犯规。

四、运两球接力

准备环节:一块标准篮球场地,篮球四个。

组织方法:如图8-11所示,学生分为人数相等的两队,各队成纵队站在同一端线外面面向场内,排头学生手持两个球。游戏开始,排头学生左、右手各运一个球到中线,然后把两个球放在地上擦地面推回,推球时手不离球、球不离地。返回端线把球交给下一名学生,照上述方法继续进行,直至全队做完,速度快的队获胜。

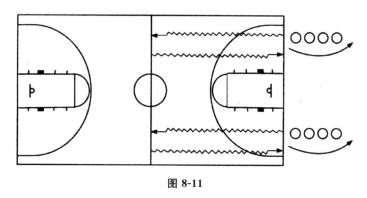

图 8-11

游戏规则:

(1)运球时,如有一球滚离,必须拾回,在失误处继续运两球,实际运球距离不能减少。

(2)返回推球时双手均保证不能离开球,与此同时两球均要保持不能离地。

(3)必须有一脚踩中线才能返回。

(4)如果出现违反上述规则中的一条即可视为犯规,判其重运球一次。

五、运球绕场跑

准备环节:篮球场一个,篮球两个,障碍架四个。

组织方法:如图8-12所示,将学生分成四个小组按图中所示的队形站好。各组一号拿球,听到哨声后逆时针方向运球绕场地跑,跑完一圈后把球交给二号,二号也运球绕场一圈后把球交给三号,依此类推,看哪个队先完成接力赛。

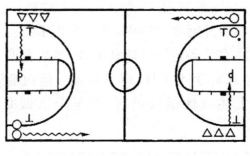

图 8-12

游戏规则:必须运球绕障碍架跑,否则返回重做。

六、运球障碍接力

准备环节:一块标准篮球场地,篮球两个,标志物四个。

组织方法:如图 8-13 所示,在场地的两个半场的左右两侧各放一个标志物,学生分为人数相等的两队,面向标志物在同一端线后成一路纵队站立,排头各手持一个篮球。游戏开始,从排头起每个学生按图示路线依次把球运至立柱后按规定动作做运球突破,返回时按原路线和动作进行,并以手递手方式将球交给下一名学生,直至全队每人轮流一次,最先完成的队获胜。

游戏规则:

(1)必须要求以手递手的方式把球交给下一名学生,否则判为犯规。

(2)必须按照规定要求在立柱前运球并做突破动作,否则判为犯规。

(3)运球至前场后,必须保证有一只脚踩端线才能返回,否则判为犯规。

(4)犯规者的运球被视为无效运球,必须重跑一次。

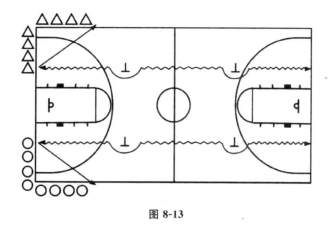

图 8-13

七、运球绕场跑

准备环节：篮球场一个，篮球两个，障碍架四个。

组织方法：如图 8-14 所示，将学生分成四个小组按图中所示的队形站好。各组一号拿球，听到哨声后逆时针方向运球绕场地跑，跑完一圈后把球交给二号，二号也运球绕一圈把球交给三号，依此类推，看哪个队先完成接力赛。

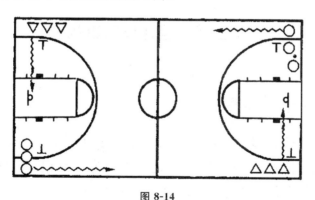

图 8-14

游戏规则：必须运球绕障碍架跑，否则返回重做。

八、运球相互拍打

准备环节：一块标准篮球场地，篮球每人一个。

组织方法：如图 8-15 所示，全体学生人手一球分散于半场内（或三分线以内），自己运球并随时伸手拍打周围同学的球，同时注意保护好自己的球不被别的同学拍打。凡拍打到同学的球者得一分，被同学拍打到一次失一分，持续三分钟后统计各人得分，分数多者获胜。

图 8-15

游戏规则：

(1)只准在规定区域内相互拍打，否则算自动退出比赛。

(2)累计得分多者获胜。

第三节 篮球投篮游戏

一、三分领先赛

准备环节：一块标准篮球场地，篮球若干个。

组织方法：如图 8-16 所示，把学生分为人数相等的两队，在两个零度角三分线外投篮，比赛的顺序是甲一、乙一；甲二、乙二，先进五个球的一方获胜。

游戏规则：学生按顺序进行比赛，中途不得交换位置。

二、连续跳投

准备环节：半块篮球场地，篮球每人一个，标志物两个。

组织方法:如图 8-17 所示,在半场的三分线内与端线相距约两米处放一标志物,把学生分为人数相等的甲、乙两队,各成纵队面向球篮站立于三分线外的左、右两侧,排头不持球,其余的学生每人持一球。游戏开始,各队排头向同侧标志物的方向做侧身跑,跑至标志物外接本队学生传来的球急停跳投,无论投中与否均去抢篮板球并返回本队队尾。如此连续不断进行,直到在规定时间内,命中次数多的为胜队,或先完成规定的命中次数的队获胜。

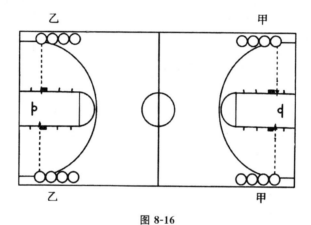

图 8-16

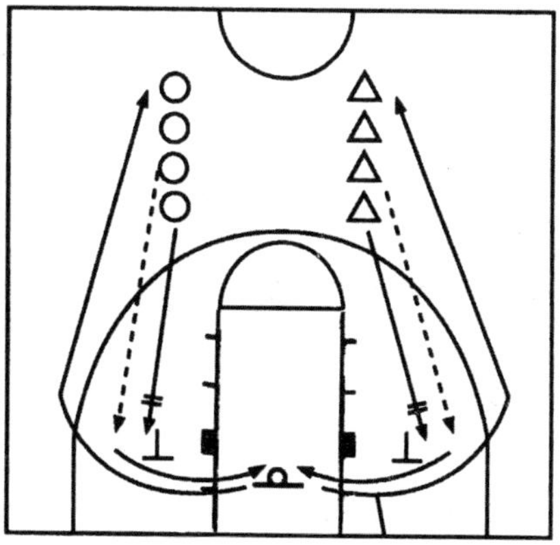

图 8-17

游戏规则:

(1)必须依次传、投,超越顺序的人投中无效。

(2)必须在标志物外跳投,在标志物内投中无效。

（3）传接球失误，由失误者把球捡回再排列到队尾，不得原地重新投，否则投中无效。

三、抢投 30 分

准备环节：一块标准篮球场地，篮球四个。

组织方法：如图 8-18 所示，把学生分为人数相等的四个队，每两队用一副篮筐，各队在距篮圈 5 米的 45°角纵队站好，排头各持一球。游戏开始，各队从排头起做原地跳投一次，罚球一次，自投自抢，无论投中与否，都要把球传给下一个学生，依次按同样方法进行。按跳投投中得 2 分、罚球投中得 1 分的分值累计，直到投满 30 分，以完成的快慢排列名次。

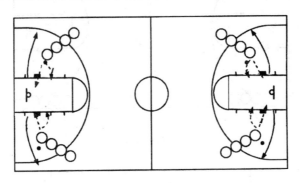

图 8-18

游戏规则：

（1）严格限制投篮距离，跳投时的起跳点不能越过规定范围。

（2）不得故意干扰对方投篮。

四、投篮升级比赛

准备环节：一块标准篮球场地，篮球两个。

组织方法：如图 8-19 所示，在距投篮区 5.5 米处，设 0°角、45°角、60°角、90°角五个投篮点。把学生分为人数相等的两队，分别成纵队站立于左、右两边的 0°角上，排头各持一球。游戏开始，两队自排头起依次按规定要求进行投篮，逐一投完五个点，最先回原起点的队获胜。

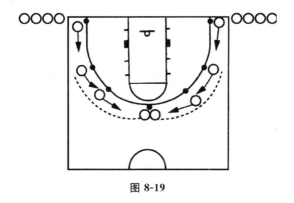

图 8-19

游戏规则:必须投中才能到下一个点投篮。

五、攻守投篮

准备环节:一块标准篮球场地,篮球两个。

组织方法:如图 8-20 所示,将学生分为人数相等的两队,每队八人,双方各有一名学生手持球站在本方半场的端线外准备发球。游戏开始,当裁判员鸣笛后,各自发球开始比赛,两队同时在场上传球、运球、突破,力求将球投入对方篮内得分;同时又要设法阻截和防止对方将球投进本方篮内,并积极抢断对方的球,组织反攻。在规定时间内,进球多者获胜。

游戏规则:比赛中出现犯规、违例、传球出界等情况时,均判其在犯规、违例方的半场发界外球。

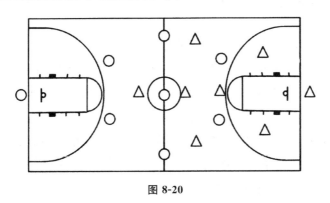

图 8-20

六、上篮积分赛

准备环节：一块标准篮球场地，篮球两个。

组织方法：如图 8-21 所示，将学生分为两组，一组手持球站于中线与边线交接处，另一组站于罚球线上。游戏开始，持球的人传球至罚球线学生，然后起动接回传球上篮，上篮结束到罚球线，罚球线上的学生跟进抢篮板，抢完篮板后手持球站到中线。上篮投中得 2 分，不中要补中，补中得 1 分，在规定时间内先得到 50 分的队为胜利队。

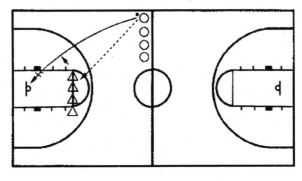

图 8-21

游戏规则：接球后直接上篮，不得运球，否则投中的球无效，要重新开始。

七、换球上篮接力

准备环节：一块标准篮球场地，篮球四个。

组织方法：把两个篮球分别放在中线上。把学生分为人数相等的两队，分别成横队面向场内站在两端线外，排头手持一个球。游戏开始，两队排头运球快跑至中线，放下手中的球，捡起地上的球快速运球上篮，投中后按原路线运回中线换球回运到起点处，将球交给下一名学生，每名学生按同样的方法依次进行，直到全队每人做完一次，先完成的队为胜方。

游戏规则;

(1)在端线手递手交接球后才能起动,否则此次运球上篮无效,该学生应在本队最后重做一次。

(2)每次投篮必须投中才能返回。没投中,可采用任何方法补中。

(3)还可把上篮改为运球至罚球线投篮,不进补中。

第四节　篮球综合能力类游戏

一、手球比赛

准备环节:一块标准篮球场地,手球一个。

组织方法:如图 8-22 所示,在篮球场上进行手球比赛,在两条端线的中部各画宽三米的球门,每队各六人,其中有一名为守门员,按照手球规则进行比赛。比赛进行八分钟,得分多的队获胜。

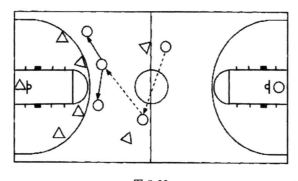

图 8-22

游戏规则:

(1)可以按照手球规则进行比赛。

(2)不能用过分夸张的动作,以免造成伤害事故。

二、你抓我救

准备环节:一块标准篮球场地。

组织方法：如图 8-23 所示,制定球场的中圈为"禁区",选出参加游戏中的五人为追逐者,其余人作为被追逐者将在场内随意的跑动。追逐者把抓到的被追逐者送到"禁区"内。没有被抓到的被追逐者可设法避开守在"禁区"旁边的追逐者去营救"禁区"内的学生。直到所有被追逐者全被抓完送进"禁区",或"禁区"内的被追逐者全被营救完为止。另换一批追逐者和被追逐者开始继续游戏。

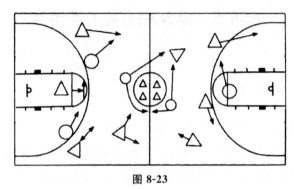

图 8-23

游戏规则：

(1)在"禁区"外的人用手拍"禁区"内的人的手掌为营救成功。

(2)在"禁区"外的人在营救"禁区"内的学生时被追逐者抓到,同样要进入"禁区"内等待同伴的营救。

(3)进入"禁区"内的人不得自行离开。

(4)追逐者只有抓住被追逐者才算抓到,仅仅拍到无效。

三、抬"木头人"

准备环节：一块标准篮球场地,体操垫两块。

组织方法：如图 8-24 所示,在球场的中线外并排放置两张体操用的垫子,两张垫子相隔 6~8 米。把学生分为人数相等的两队,分别成纵队站立于球场中线的另一侧,正对各自的垫子,两队排头首先跑至垫子上仰卧挺直,称为"木头人"。

游戏开始后,两队在起点上的第一人迅速起动跑至垫子上用两手托头,把仰卧在垫子上的同伴抬成直立,并迅速以同样方法在垫上仰卧;被托起的人则快速回到本队拍击下一人的手后,排回本队的队尾;被击掌的学生又快速跑到垫子上托起仰卧在垫子上的学生……如此反复进行,直到最先仰卧在垫上的学生把本队最后一名学生抬起并一同返回本队为止。先完成游戏的队获胜。

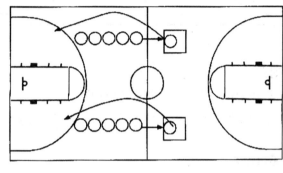

图 8-24

游戏规则:

(1)"木头人"只有被抬起成直立后方能跑动,不得自己爬起来,否则视为犯规。

(2)抬"木头人"者只有把学生抬起后方能躺下,否则视为犯规。

(3)起点处的学生只有在被击掌后方能启动,否则视为犯规。

(4)凡被判犯规者,必须重做一次。

四、双人抢球

准备环节:一块标准篮球场地,篮球每两人一个。

组织方法:如图 8-25 所示,把学生分为人数相等的甲、乙两队,然后令学生相距一米左右按两横排站立。两队的学生间也保持相距一米左右的距离。在甲、乙两队学生间放一个篮球,然后在教师带领下两队一起做操或小步跑,听到哨声响后同时去抢球,抢到球者获胜。最终胜次多的队获胜。

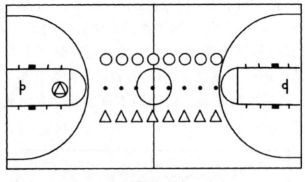

图 8-25

游戏规则：

(1)学生只准用手抢球，否则视为犯规。

(2)注意安全，如有意冲撞对方则立即判其出局。

五、21分比赛

准备环节：一块标准篮球场地，篮球一个。

组织方法：如图 8-26 所示，全场"五对五"进行 21 分比赛，在比赛中通过快攻进球算 3 分或 4 分，其他方式进球按照篮球规则进行算分，先到 21 分的队获胜。

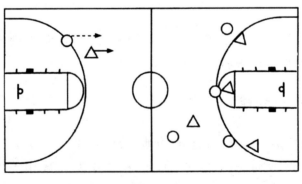

图 8-26

游戏规则：

(1)通过抢断球和发球发动的快攻进球算 3 分。

(2)通过抢到后场篮板球发动的快攻进球算 4 分。

六、"关门"

准备环节:一块标准篮球场地,篮球若干个,在场地上画几个与中圈等大的圆。

组织方法:如图 8-27 所示,在每个圆心放一个固定不动的篮球,每组分防守四人和进攻三人站于圆圈外。游戏开始,在两分钟时间内,攻方利用身体假动作、转身、急停及各种脚步动作设法进入圆圈触摸球,而防守则通过快速的移动及相邻两人的"关门"配合不让对方进入圆圈内摸球,计攻方进入圆圈触摸球的次数。到规定的时间,两队交换位置,游戏重新开始。最后摸球次数多的队获胜。

游戏规则:

(1)只能依靠身体快速移动来防守对方进攻,不能用手臂阻止对手。

(2)进攻方不能有推人动作。

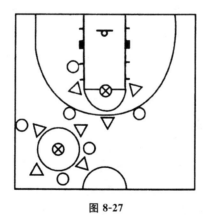

图 8-27

七、突围

准备环节:一块标准篮球场地。

组织方法:如图 8-28 所示,把参与者分为人数相等的甲、乙两队。先由甲队学生相互握手腕站成一个圆圈,把乙队全体学生围在圆圈内。游戏开始,乙队学生要设法从圈内挣脱出圈,甲队学生要设法防止对方从圈内向外突围。到规定时间为止,双方互换位置。一个回合后计算双方突围的人数,突围人数多的队获胜。

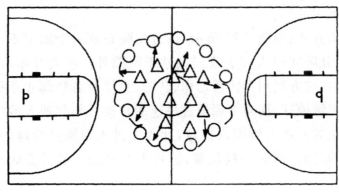

图 8-28

游戏规则:

(1)圈内的学生只能使用巧法而不是用手拉开对方握住的手腕突围,否则算犯规。

(2)圈外的学生可用握住的手拦住对方,但不可以松手抓对方,否则算犯规。

(3)若圈外学生犯规,算对方突围成功;若圈内学生犯规,则突围无效。

八、齐心协力

准备环节:一块标准篮球场地。

组织方法:如图 8-29 所示,把全队分成两人一组的若干组,两人成图中的方式分别站在球场的同一端线后,两人肩并肩,相邻的手相互搂住同伴的后颈,两腿分开,上体前倾,外侧手从相邻的两腿后面紧紧拉住,形成两人"三"条腿。听到出发的信号后,各组以此"三"条腿走路的方式向前行进,以到达场地另一端端线的先后顺序排列名次。

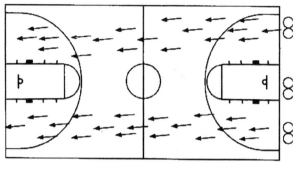

图 8-29

游戏规则：

（1）两人在相邻的两腿后紧拉的手不得脱离，否则要在原地拉好后方能继续前行。

（2）以两人的"三"条腿到达场地另一端端线后方为到达终点的标志。

参考文献

[1]刘键,孙连旭,谢辉强.大学篮球[M].北京:中国档案出版社,2006.

[2]郭永波.篮球运动教程[M].北京:北京体育大学出版社,2005.

[3]黄志安,房殿生,蔡友凤.高校篮球运动理论与实践[M].北京:中国原子能出版社,2008.

[4]刘强.基于多维视角的高校篮球教学研究[M].北京:人民日报出版社,2017.

[5]洪晓彬.篮球运动心理学研究与应用[M].广州:世界图书出版广东有限公司,2015.

[6]杨改生.中国篮球运动发展研究[M].郑州:河南大学出版社,2014.

[7]叶巍.新视角下篮球运动之人才研究[M].长春:吉林大学出版社,2013.

[8]于振峰.新时期我国竞技篮球项目后备人才培养研究[M].北京:北京体育大学出版社,2012.

[9]左庆生,张海民,邱勇.现代篮球运动教学训练实用指导[M].北京:北京师范大学出版社,2013.

[10]唐建倦.现代篮球运动教程[M].广州:华南理工大学出版社,2014.

[11]刘云民,王恒.篮球教学与训练[M].哈尔滨:哈尔滨工程大学出版社,2015.

[12]王峰.篮球运动规律与技术原理分析[M].北京:科学出版社,2015.

[13]张秀华,刘玉林.篮球系统战术[M].北京:人民体育出版社,2005.

[14]李承维.篮球运动教学与训练[M].武汉:华中科技大学出版社,2012.

[15]高治.现代篮球技战术实践与创新[M].北京:中国书籍出版社,2014.

[16]武国政.篮球游戏[M].北京:北京体育大学出版社,2005.

[17]钟秉枢,梁栋,于立贤,潘迎旭.社会转型期我国竞技体育后备人才培养及其可持续发展[M].北京:北京体育大学出版社,2003.

[18]俞继英.我国竞技体育后备人才培养现状和出路[A].国家体育总局.战略抉择——2001年全国体育发展战备研讨会文集[C].内部交流,2001:202-220.

[19]金冬星.影响 CUBA 与 CUBS 发展因素的研究[D].济南:山东师范大学,2009.

[20]于文爽.数据挖掘技术在篮球技战术分析中的应用研究[D].北京:北方工业大学,2010.

[21]杨忆南.对河北省中学篮球后备人才(13~17岁)现状调查及发展对策研究[D].石家庄:河北师范大学,2008.

[22]张丹.我国竞技篮球后备人才培养体系的研究[D].武汉:武汉体育学院,2008.

[23]金晨.中国与俄罗斯篮球后备人才培养中主要因素的比较研究[D].北京:北京体育大学,2004.

[24]车传勇.黑龙江省中学"体教结合"培养篮球后备力量的研究[D].北京:北京体育大学,2004.

[25]吴业锦.转型期山东省篮球后备人才培养状况及对策研究[D].北京:北京体育大学,2006.

[26]张轩.比赛教学法在篮球教学中的实证研究——以运城学院为例[J].体育科技,2018,39(6):136-137.

[27]张轩.关于中国女篮研究热点与演化进程的分析[J].山

东体育科技,2018,40(6):56-60.

[28]张轩.山西新建本科院校体育专业学生就业心理研究[J].运城学院学报,2013(2):88-90.

[29]张轩.基于主客场赛季训练特点谈篮球比赛及其训练模式[J].湖北体育科技,2013,32(8):710-711.

[30]张轩.山西省普通高校篮球选修课现状调查与分析[J].运动,2013(12):60-61.

[31]陈勇,刘成,王满秀.我国高校竞技篮球实力布局特征的体育竞争情报分析[J].上海体育学院学报,2011,35(6):97-101.

[32]雷先良.我国竞技篮球人才培训基地布局特征研究[J].体育科技文献通报,2011,19(11):32-33.

[33]李同彦等.我国篮球青少年后备人才培养现状的调查研究[J].成都体育学院学报,2007(3):67-69.

[34]徐锋.学校课余训练水平不高问题何在[J].中国学校体育,2001(1):37.

[35]曲宗湖.按照教育和竞技的规律抓好课余训练工作[J].中国学校体育,1996(1):58-59.

[36]曲宗湖等.2000年中国学校体育和卫生发展战略研究[J].北京体育师范学院学报,1997,9(3):17-30.

[37]高学峰.我国中小学课余训练现状及发展态势探析[J].武汉体育学院学报,1993(4):18-22.

[38]刘绍曾.对我国学校课余训练现状的思考[J].北京体育大学学报.1998,21(4):48-51.

[39]曾小武等.我国竞技体育运动学校的竞技效益与对策[J].上海体育学院学报.1998,22(5):1-9.

[40]赵晶,闫育东,武国政.我国少年甲组男子篮球特高运动员专项身体素质与基本技术现状及对策研究[J].中国体育科技,2000(11):23-26.

[41]武国政,王惠林,吴强.对我国少年篮球运动员基本技术和身体素质现状分析及发展对策研究[J].中国体育科技,2000

(5):42-44.

[42]姜明,鞠洪卫.中国篮球后备力量培养的建议[J].西安体育学院学报,2002(2):2.

[43]汪伟信.中美篮球文化比较研究[J].沈阳体育学院学报,1997(3):5-7.

[44]张宏成,魏磊.构建我国篮球后备人才文化教育体系的理论思考[J].体育文化导刊,2003(11):15-16.

[45]潘迎旭,钟秉枢.我国竞技体育后备人才培养可持续发展理论分析[J].首都体育学院学报,2004,16(4):24-25.

[46]闫军等.我国篮球后备人才培养体制改革研究[J].山东体育学院学报,2009(2):37-39.

[47]刘雄军,熊茂湘.我国体育系统篮球后备人才队伍发展动态的研究[J].体育科学,2009(3):74-78.